# JUIZADOS ESPECIAIS FEDERAIS

— Doutrina e Jurisprudência —

S586j    Silva, Antônio F. S. do Amaral e
          Juizados especiais federais: doutrina e jurisprudência / Antônio F. S. do Amaral e Silva, Jairo Gilberto Schäfer. – Porto Alegre: Livraria do Advogado Editora, 2007.
          173 p.; 23 cm.
          ISBN 978-85-7348-477-9

               1. Juizado especial federal civel. 2. Juizado especial federal criminal. I. Schäfer, Jairo Gilberto. II. Título.

                                      CDU – 347.919.3

           Índices para o catálogo sistemático:
     Juizado especial federal cível
     Juizado especial federal criminal

(Bibliotecária responsável: Marta Roberto, CRB-10/652)

ANTÔNIO F. S. DO AMARAL E SILVA
JAIRO GILBERTO SCHÄFER

# JUIZADOS ESPECIAIS FEDERAIS
— Doutrina e Jurisprudência —

*livraria*
DO ADVOGADO
*editora*

Porto Alegre  2007

©
Antônio F. S. do Amaral e Silva
Jairo Gilberto Schäfer
2007

*Capa, projeto gráfico e diagramação de*
Livraria do Advogado Editora

*Revisão*
Rosane Marques Borba

*Direitos desta edição reservados por*
**Livraria do Advogado Editora Ltda.**
Rua Riachuelo, 1338
90010-273 Porto Alegre RS
Fone/fax: 0800-51-7522
editora@livrariadoadvogado.com.br
www.doadvogado.com.br

Impresso no Brasil / Printed in Brazil

# Prefácio

Se há uma pauta política nesse país a cujo respeito as opiniões de todos são convergentes é a da necessidade da reforma do sistema judiciário. Preconiza-se a reforma porque se reconhece que o sistema que existe não satisfaz, não atende adequadamente às suas finalidades institucionais. Há, igualmente, convergência de opinião a respeito das principais deficiências do sistema: o excesso de recursos, os formalismos exagerados, o anacronismo dos procedimentos, a resistência à utilização de técnicas informatizadas. Critica-se a pouca valorização da atividade do juiz de primeiro grau, do que é exemplo mais evidente o sistemático e quase universal reexame necessário das suas sentenças contrárias aos entes públicos. Critica-se, também, a fórmula tradicional do processo de execução, baseada em ação autônoma, extremamente burocratizada, e, no caso da Fazenda Pública, sujeita ainda a pagamento mediante prévia expedição de precatório a ser cumprido em exercício financeiro futuro, que nem sempre é o imediatamente subseqüente. Enfim: há, por parte das pessoas mais autorizadas, um consenso sobre a necessidade da reforma e sobre boa parte do diagnóstico da crise.

Assim, não se pode deixar de saudar, com todo entusiasmo, a instituição dos Juizados Especiais Federais, decorrente da Lei nº 10.259, de 12/07/01. Ela vem inaugurar, no âmbito da Justiça Federal, um modelo processual inovador, direcionado a atender justamente às deficiências do modelo tradicional. No âmbito criminal, ampliam-se os domínios dos institutos criados pela Lei nº 9.099, de 26/09/95, de exitosa e aplaudida experiência nos Juizados Estaduais. No âmbito cível, além de incorporar as qualificações do sistema estadual, a nova Lei dá importantes passos adiante. Propõe a valorização dos princípios da oralidade, da sumariedade, da conciliação. Atribui ao juiz de primeiro grau um papel relevante e decisivo, tanto no que diz respeito ao comando do processo – cujas fórmulas procedimentais, especialmente no que diz com providências instrutórias e cautelares, ficam subordinadas à iniciativa oficial – como também no que diz respeito à eficácia das suas decisões, sejam as interlocutórias, sejam as sentenças, não mais sujeitas a reexame obrigatório e, em regra, aptas a serem imediatamente cumpridas. A execução, que poderá ser promovida até de ofício, se efetivará por atos de natureza mandamental apoiados por meios coercitivos de *astreintes* e de seqüestro de quantia diretamente à conta do Tesouro. Abre-se aos Tribunais a possibilidade de incorporar largamente, na prática e na comunicação dos atos processuais, a utilização de meios eletrônicos. Enfim, pode-se afirmar, sem medo de erro, que o legislador está abrindo as portas para a instalação de um novo modelo de Justiça, habilitado a superar as deficiências do sistema tradicional e dar efetividade aos valores que, na opinião generalizada, deveriam permear todo o sistema judiciário.

Cabe agora aos juízes, procuradores, advogados, a todos quantos exercem uma parcela do poder estatal no domínio judiciário, cumprir a parte que lhes corresponde: a de tornar realidade o desiderato do legislador. O êxito desse empreendimento dependerá, sobretudo, de uma correta interpretação da Lei, que deverá, sem preconceitos, materializar na prática processual os princípios norteadores do sistema dos juizados especiais.

Daí a estratégica posição reservada também à doutrina nessa empreitada. A obra *Juizados Especiais Federais* alinha-se entre as primeiras a desbravar a nova Justiça. Ela tem como peculiar destaque o de unir, nas figuras dos seus autores, juízes federais, a experiência da magistratura, da advocacia, da academia e das letras jurídicas. Antônio Fernando Schenkel do Amaral e Silva, antes de ser juiz, foi advogado. Lecionando Direito Processual Civil, familiarizou-se com a vida acadêmica. Com essa bagagem – e incorporando-se, na primeira hora, à tarefa de levar em frente a nova Justiça – preside o Juizado Especial Cível de Blumenau (SC). Jairo Gilberto Schäfer, no exercício da magistratura em vara criminal de Blumenau, teve oportunidade de pôr em prática, de maneira inédita no âmbito federal, antes mesmo do advento da Lei nº 10.259, de 2001, um procedimento exitoso na apuração e no julgamento dos delitos de menor potencial ofensivo. A montagem e os bons resultados desse projeto tiveram, certamente, a contribuição decisiva da vivência do seu autor, ex-promotor de justiça, professor, mestre em direito constitucional, doutrinador respeitado. Das mãos experientes, da inteligência e da vivência dos dois festejados juízes federais nasceu a obra agora oferecida a público, aos profissionais e aos acadêmicos de direito, uma contribuição oportuna e de inestimável valor, que há de receber os louvores e a acolhida entusiasmada da comunidade jurídica.

*Teori Albino Zavascki*
Ministro do Superior Tribunal de Justiça

# Sumário

Introdução ................................ 13

**PRIMEIRA PARTE**
## Juizados Especiais Federais Cíveis
### Antônio F. S. do Amaral e Silva

1. Artigo 1º – Os Juizados Cíveis .................. 17
2. Artigo 3º – Competência ....................... 19
   2.1. Parágrafo 2º – Obrigações vincendas ............ 28
   2.2. Parágrafo 3º – Competência absoluta ............ 34
3. Artigo 4º – Medidas cautelares e satisfativas ........... 44
4. Artigo 5º – Recurso da sentença .................. 49
5. Artigo 6º – Legitimação ativa e passiva ............. 55
6. Artigo 7º – Citação e intimação da parte-ré .......... 59
7. Artigo 8º – Intimações das partes ................. 61
8. Artigo 9º – Prazos ............................ 64
9. Artigo 10 – Representação processual ............... 68
   9.1. Parágrafo único – Conciliação .................. 70
10. Artigo 11 – Inversão do ônus da prova ............. 79
11. Artigo 12 – Exame Técnico .................... 80
12. Artigo 13 – Reexame necessário .................. 82
13. Artigo 14 – Pedido de uniformização .............. 82
    13.1. Parágrafo 1º – Turma regional ............... 84
    13.2. Parágrafo 2º – Turma nacional ............... 85
    13.3. Parágrafo 5º – Suspensão dos processos ......... 88
14. Artigo 15 – Recurso extraordinário ................ 91
15. Artigo 16 – Execução de obrigação de fazer .......... 93
16. Artigo 17 – Execução de obrigação de pagar ......... 94
    16.1. Parágrafo 2º – Seqüestro de valores ........... 100
    16.2. Parágrafo 4º – Renúncia de valores ............ 101

17. Artigo 18 – Conciliadores .......................... 102
    17.1. Parágrafo único – Juizados adjuntos ............ 103
18. Artigo 19 – Instalação dos Juizados .................. 103
19. Artigo 20 – Competência territorial .................. 104
20. Artigo 21 – Turmas recursais ........................ 108
21. Artigo 22 – Coordenador dos Juizados ................ 109
    21.1. Parágrafo único – Juizados itinerantes .......... 110
22. Artigo 23 – Limitação de competência ................ 111
23. Artigo 24 – Aperfeiçoamento de pessoal .............. 112
24. Artigo 25 – Instalação dos Juizados .................. 112
25. Artigo 26 – Suporte administrativo .................. 113
26. Artigo 27 – *Vacatio legis* .......................... 113

## SEGUNDA PARTE
## Juizados Especiais Federais Criminais
### Jairo Gilberto Schäfer

1. A aplicação subsidiária da Lei nº 9.099/95 ............ 117
2. Conceito de infração de menor potencial ofensivo. A competência dos Juizados Especiais Federais Criminais ............ 118
3. Do termo circunstanciado. Competência para sua lavratura ... 122
4. A fase consensual .................................... 124
    4.1. Transação penal: conceito ...................... 126
    4.2. Transação penal: direito subjetivo do autor dos fatos? ... 126
    4.3. Conseqüências jurídico-penais da aceitação, pelo autor dos fatos, da transação penal ...................... 131
    4.4. Conseqüências jurídico-penais do descumprimento, pelo autor dos fatos, da pena alternativa aplicada em decorrência da aceitação da transação penal .................. 133
    4.5. Composição do dano e presença da vítima na audiência preliminar ...................................... 137
5. Atribuição, pelo magistrado, de nova capitulação jurídica aos fatos quando do recebimento da denúncia .............. 138
6. A fase litigiosa ...................................... 140
7. Roteiro prático dos Juizados Especiais Federais Criminais ... 142
8. O subsistema dos Juizados Especiais Federais: as soluções internas às questões processuais ...................... 143
    8.1. Competência para julgamento do *habeas corpus* contra decisão de Juiz Federal de primeira instância proferida no âmbito dos juizados especiais federais ............ 143

8.2. Competência para julgamento do *habeas corpus* contra decisão da Turma Recursal ................ 146
8.3. Competência para julgamento de conflito de competência entre Juízo Comum Federal e Juizado Especial Federal ... 147
8.4. Competência para julgamento de Mandado de Segurança contra ato da Turma Recursal ou de Juiz Federal de primeira instância investido na jurisdição dos Juizados Especiais Federais ........................ 149
9. Complexidade dos fatos como causa de exclusão da competência do Juizado Especial Criminal .................. 149
10. Transação penal e concurso de crimes ............. 152
11. Transação penal e causas especiais de aumento e diminuição de pena ................................. 155
12. A possibilidade da prisão cautelar nos crimes de menor potencial ofensivo ................................ 156
13. A execução da sentença nos Juizados Especiais Federais Criminais ............................... 161
14. Uma experiência na Vara Federal Criminal de Blumenau/SC .. 162
15. Algumas recomendações práticas no âmbito do Juizado Especial Federal Criminal .......................... 165

Referências ................................. 169

Anexos ....................................
   Fluxograma das Ações nos JEFC - Fase Consensual ....... 171
                                  - Fase Litigiosa ........ 172

# Introdução

A sociedade clama por Justiça célere, simplificada e sintonizada com a realidade social.

Timidamente, o legislador vai soltando as amarras do Direito Processual Civil e Penal, possibilitando que, pelo menos os conflitos de menor potencial econômico e ofensivo sejam resolvidos em sistemas apartados do tradicional Direito adjetivo.

Nesta linha, a novel Lei nº 10.259, de 12 de julho de 2001, traz ao Judiciário federal uma nova realidade, verdadeiro desafio institucional, para que as lides sejam resolvidas em breve espaço de tempo, de preferência mediante a conciliação.

A lei dos Juizados Especiais Federais é o objeto desta obra, dividida em duas partes, sendo a primeira dedicada aos artigos do Juizado Cível e, a segunda, aos dispositivos penais da norma em questão.

Disseca-se artigo por artigo, preocupados os autores, ambos juízes federais de Juizados, na visão pragmática da matéria, colocada sob a ótica constitucional e legal de cada assunto, mediante a visão de quem se preocupa, no seu dia-a-dia, a solucionar conflitos.

# Primeira Parte

## JUIZADOS ESPECIAIS FEDERAIS CÍVEIS

**Antônio Fernando Schenkel do Amaral e Silva**
Juiz Federal da Primeira Turma Recursal
Seção Judiciária de Santa Catarina

## 1. Artigo 1º – OS JUIZADOS CÍVEIS

**Art. 1º – São instituídos os Juizados Especiais Cíveis e Criminais da Justiça Federal, aos quais se aplica, no que não conflitar com esta Lei, o disposto na Lei nº 9.099, de 26 de setembro de 1995.**

A combinação de duas Emendas Constitucionais possibilitou a gênese do novo sistema de Justiça. Com efeito, a EC nº 20, de 15/12/98, determinou que a União, os Estados e os Municípios paguem as suas obrigações "definidas em lei como de pequeno valor" de forma direta, ou seja, fica dispensado o regime do precatório para solução destas dívidas (§ 3º do art. 100). Por sua vez, a EC nº 22, de 18/03/99, acrescentou parágrafo único ao art. 98, dispondo que Lei "federal disporá sobre a criação de juizados especiais no âmbito da Justiça Federal".

Os Juizados Especiais Federais foram criados e regulamentados pela Lei nº 10.259, de 12/07/01. Como a Lei ainda é muito jovem, algumas das questões aqui ventiladas sequer sofreram exame judicial em casos concretos, além de dependerem, para resposta, da interpretação de três diplomas legais, a saber: a própria Lei nº 10.259/01, a Lei nº 9.099/95 e o Código de Processo Civil.

Por outro lado, só o dia-a-dia determinará a importância ou não destes questionamentos e suas implicações no Foro Federal.

Os Juizados Especiais Federais correspondem a uma evolução e adaptação natural da Lei nº 9.099/95 à Justiça Federal, pretendendo garantir o acesso à jurisdição. Acesso é o afastamento/exclusão do sistema de Justiça das dificuldades/obstáculos físicos, estruturais e, principalmente, culturais hoje em voga.

Começa pela compreensão dos princípios da oralidade, simplicidade, informalidade, economia processual e celeridade, bem como pela efetiva aplicação destes nos processos pelos magistrados, advogados, procuradores e funcionários que participaram, até agora, do vencido sistema tradicional de Justiça.

Continua pela necessidade de acreditarmos que o Juizado confere a necessária segurança jurídica às pessoas, e que a confiança nos diferentes mecanismos de resolução das lides será conquistada com o passar dos tempos, sendo mister sua implementação e utilização para que consigamos, de forma mais rápida, a sua aceitação plena pela comunidade jurídica. Continua, ainda, pela interiorização da Justiça Federal e instalação de Juizados Especiais autônomos e adjuntos em todas as Subseções Judiciárias deste País.

Termina com a conscientização de toda a sociedade para a importância de estender os novos mecanismos para todas as demais causas, atendendo às aspirações populares de uma Justiça célere, barata, desburocratizada e sincronizada com os tempos da informática, da internet, da comunicação *on line*, do *e-mail*, etc.

Citam-se exemplos. Para a fase pré-processual, a inexigência de reconhecimento de firma nas procurações, de autenticação de fotocópias, entre outros. Para a fase processual, o recebimento de petições pela internet, a publicação dos atos em boletim eletrônico, as intimações por telefone, fax, etc.

Como os Juizados Especiais Federais correspondem a uma evolução e adaptação natural da Lei nº 9.099/95 à Justiça Federal, nos diversos artigos da nova lei teremos a oportunidade de discorrer sobre as diferenças, aliás cruciais, para o adequado entendimento e aplicação da Lei nº 9.099 nos JEFs.

Também é importante frisar que a Lei nº 10.259/01 é fruto do trabalho de uma comissão de juristas, integrada por ministros do Superior Tribunal de Justiça e por uma comissão do Poder Executivo, criada pela Portaria Interministerial nº 5, de 27/09/00. Do consenso entre os Poderes, nasceu o novo órgão judicial.

O artigo 1º, além de criar os JEFs, dispõe que a Lei nº 9.099/95 deverá ser aplicada de forma subsidiária, desde que não ocorra conflito, evidentemente. A disposição é crucial, pois nem todos os dispositivos da Lei nº 9.099 estão em harmonia com a Lei nº 10.259, conforme veremos. Portanto, havendo a possibilidade de colisão entre os dispositivos, exclui-se a Lei nº 9.099 do âmbito de interpretação, procurando o exegeta o fim último dos JEFs: garantir o acesso à Justiça célere, barata e informal.

Somente em último caso devemos recorrer ao Código de Processo Civil, a mais formal das legislações procedimentais. Até porque as novas leis de processo (Lei nº 9.099 e Lei nº 10.259) são, na verdade, alternativas à velha forma de processar, instruir e julgar. Ao chamarmos o CPC para resolver os novos conflitos, estaremos criando um quarto gênero processual, com certeza, o pior de todos, pois advindo da mistura de princípios diferentes e, muitas vezes, antagônicos.

Mas o grande teste dos JEFs será nas Turmas Recursais – TR, eis que de nada adiantará um Juizado desburocratizado diante de uma turma formalista, arraigada nas velhas tradições do direito processual e desconectada com a realidade de nossos dias.

Estamos inaugurando um novo sistema de Justiça. Devemos ter coragem para implementá-lo em sua plenitude, pensando sempre na indispensabilidade de deixarmos um legado positivo para as novas gerações.

**Art. 2º – Compete ao Juizado Especial Federal Criminal processar e julgar os feitos de competência da Justiça Federal relativos às infrações de menor potencial ofensivo.**

**Parágrafo único. – Consideram-se infrações de menor potencial ofensivo, para os efeitos desta Lei, os crimes a que a lei comine pena máxima não superior a dois anos, ou multa.**

*Comentários deste artigo na segunda parte do livro.*

## 2. Artigo 3º – COMPETÊNCIA

**Art. 3º – Compete ao Juizado Especial Federal Cível processar, conciliar e julgar causas de competência da Justiça Federal até o valor de sessenta salários mínimos, bem como executar as suas sentenças.**

Merece destaque o critério básico dos procedimentos do JEF, qual seja, o da concentração no ato de processar o feito, corolário do princípio da oralidade.

Consiste em obter, no menor número de atos processuais, o julgamento da causa. Em face disto, concentram-se na petição inicial todos os requerimentos de prova (oral, pericial, inspeção, etc.), com seus complementos (rol de testemunhas, quesitos, assistente técnico, elementos de cálculo),[1] sendo decididas todas as questões possíveis no despacho inicial (saneamento do processo limitado), com o deferimento ou indeferimento das provas já requeridas, com a designação de perícia, de audiência, e outras determinações pertinentes ao caso (juntada de processo administrativo, cópias de exames, p. ex.), bem como a provocação da parte-ré sobre a viabilidade de acordo no caso.

De seu turno, o magistrado deverá comparecer na audiência com projeto de sentença, que viabilizará, por certo, a orientação das partes quanto à conveniência de um acordo para ambas, além de não frustrar a expectativa delas a respeito de saírem da sala de audiências com seu processo julgado. O projeto é perfeitamente possível, já que as provas documentais vieram com a inicial, e o laudo, que deverá ser entregue até 5 dias antes do ato, também estará presente para análise. O cálculo necessário à liquidez da sentença deverá ser elaborado dias antes da audiência, mediante estreita ligação entre o Gabinete e a Contadoria. Desta forma, colhida a prova oral, pronto está o feito para o julgamento.

Da audiência saem as partes intimadas e, se o registro de sentença for rápido, a parte vencida poderá levar em carga os autos para o recurso. Se pretender apresentá-lo de forma oral, com o que as contra-razões também serão verbais, de tudo será lavrado termo e encaminhado à Turma Recursal.

Logicamente, toda esta concentração exige dos profissionais envolvidos específica preparação que, aos poucos e a partir da colaboração e orientação do Juizado, será obtida para o bem do cidadão.

---

[1] O art. 276 do CPC, que trata do procedimento sumário, é um ótimo exemplo de concentração: "Na petição inicial, o autor apresentará o rol de testemunhas e, se requerer perícia, formulará quesitos, podendo indicar assistente técnico".

O valor da causa assume especial posição no âmbito do JEF, pois definirá qual o órgão judicial competente para exame da lide. Advêm daí conseqüências das mais diversas, como a possibilidade de conciliação no feito, a definição da Turma Recursal como 2º grau de jurisdição e a inviabilidade do recurso especial para o Superior Tribunal de Justiça – STJ.

No que pertine à execução, a primeira grande diferença dos JEFs para os Juizados Especiais Estaduais – JEEs é a inaplicabilidade do artigo 39 da Lei nº 9.099 ("É ineficaz a sentença condenatória na parte que exceder a alçada estabelecida nesta Lei"), eis que nos JEFs a execução do título (sentença) poderá ser superior ao teto de sessenta salários mínimos, por expressa autorização do § 4º do art. 17 da Lei nº 10.259:

"*Se o valor da execução ultrapassar* o estabelecido no §1º, o pagamento far-se-á, sempre, por meio do precatório, sendo facultado à parte exeqüente a renúncia ao crédito do valor excedente, para que possa optar pelo pagamento do saldo sem o precatório, da forma lá prevista". (O grifo é nosso).

Notem que o art. 3º da Lei nº 9.099 tem dispositivo semelhante:

"§ 3º – A opção pelo procedimento previsto nesta Lei importará em renúncia ao crédito excedente ao limite estabelecido neste artigo, *excetuada a hipótese de conciliação*". (O grifo é nosso).

Assim, tanto no JEF, quanto no JEE, é relativizada a problemática da competência pelo valor da causa, pois em ambas existe a possibilidade de a execução superar o teto.

Com a obrigatoriedade de sentenças líquidas,[2] o valor da execução cedo aparece, dando ensejo à rediscussão da competência do Juizado. Por isto, a regra do art. 17 da Lei nº 10.259 repele quaisquer dúvidas sobre a competência fixada no recebimento da inicial.

De qualquer modo, prevalece a estimativa do autor, salvo má-fé ou erro grosseiro, pois valor da causa (sempre estimado numa expectativa de sucesso total da demanda) não se confunde com valor da execução, fixado de acordo com o resul-

---

[2] Exigência do art. 38, parágrafo único, da Lei nº 9.099/95.

tado da causa e subsumido à coisa julgada, quase sempre obtida muito tempo depois do ajuizamento do processo.

Mais um detalhe. Se a parte tiver vários pedidos a serem feitos e quiser o JEF, poderá dividir os seus pleitos em tantos quantos forem necessários, ajuizando um processo para cada pretensão e, desta forma, fugir dos inconvenientes trazidos por um valor da causa próximo ao teto do Juizado.

Na verdade, a questão dos cálculos é das mais complicadas, mormente quando tal reflete diretamente no conteúdo econômico da lide (valor da causa), parâmetro fixado pelo legislador para definição da competência. Bem por isto, quanto melhor instruída a inicial (relação dos salários de contribuição, renda mensal inicial, atual, etc.), mais chances de acerto terá o cálculo do autor, e menores serão as dúvidas sobre a competência do Juizado.

Os funcionários do Juizado fizeram curso no INSS para aprender a simular as concessões de benefícios, sendo pedido ao Órgão a disponibilização de programas internos (Histórico de Créditos – HISCRE) para a realização de algumas das tarefas da Contadoria. Neste particular, parabenizamos a Agência de Blumenau, a qual compreendeu a necessidade do trabalho conjunto, trocando o paradigma cego da litigiosidade pelo da consensualidade com o Órgão judicial, pois a correção dos cálculos é do interesse de todos.

Outro aspecto relevante a ser observado, mas esquecido por muitos, é a elevação anual do salário mínimo. Quando os Juizados foram criados, o valor do salário mínimo era de R$ 180,00 (Medida Provisória nº 2.142/01),[3] totalizando o teto de 60 salários mínimos R$ 10.800,00. Em abril de 2002, passou para R$ 200,00 (Medida Provisória nº 35/02),[4] ou seja, teto de R$ 12.000,00. Nesta primeira revisão do salário mínimo, tivemos um aumento da competência dos Juizados em 11,11%.

Em 2003, o salário mínimo foi elevado para R$ 240,00 (Medida Provisória nº 116/03),[5] surgindo um novo teto de R$ 14.400,00. Esta nova elevação representou um aumento de 20% na competência dos Juizados. No ano de 2004, a

---

[3] Publicada no Diário Oficial da União (DOU) de 30/03/2001.
[4] Publicada no DOU de 28/03/2002.
[5] Publicada no DOU de 02/04/2003.

Medida Provisória 182[6] aumentou novamente o salário mínimo para R$ 260,00, elevando o teto para R$ 15.600,00, o que representou o aumento de 8,33% na competência. Em 2005, o salário mínimo foi para R$ 300,00 (MP 248, de 20/04/2005 – DOU de 22/04/2005), com o teto de R$ 18.000,00, o que proporcionou mais uma majoração de competência da ordem de 15,38%. Atualmente, o salário mínimo equivale a R$ 350,00 (MP nº 288, de 30/03/2006), trazendo o teto para R$ 21.000,00, o que significa novo alargamento da competência em 16,66%.

A análise da elevação do salário mínimo nos permite afirmar que, desde que os Juizados Federais foram criados, a competência pelo valor da causa foi aumentada em 71,48%. No ritmo atual, podemos antever para os Juizados um acréscimo de mais de 100% no ingresso de demandas nos próximos 5 anos, somente por conta da elevação do salário mínimo no País.

Esta questão é importante para entender a dinâmica da competência dos Juizados, lembrando que o aumento do salário mínimo será perenemente um fator de crescimento da competência.

Ainda neste sentido, poderão surgir perplexidades, por exemplo, se voltarmos a ter salários mínimos regionais, idéia ainda não descartada de todo pelo Executivo, bem como, ainda que a possibilidade seja remota, de diminuição do valor do salário mínimo, questões e fatos a comporem novas realidades a serem enfrentadas pelos profissionais envolvidos nos Juizados.

A propósito:

"Na aferição do valor da causa, deve-se levar em conta o valor do salário mínimo em vigor na data da propositura da ação". Enunciado nº 15 do 2º FONAJEF.[7]

Outra reflexão a ser realizada pelos operadores do Direito refere-se à seguinte indagação: "os Juizados foram criados para 'desafogar' a Justiça Comum ou, alternativamente, para garantir o acesso das grandes massas ao mundo dos direitos?" (Vianna,1999, p. 185).

---

6 Publicada no DOU de 30/04/2004.
7 2º Fórum Nacional dos Juizados Especiais Federais, promovido pela AJUFE – Associação dos Juízes Federais –, na cidade do Rio de Janeiro, de 19 a 21 de outubro de 2005. Fonte: www.justicafederal.gov.br.

Esta questão é por demais atual, uma vez que temos tido a nítida impressão de que o Juizado Federal está mais para servir de alternativa ao modelo tradicional do que, propriamente, atender aos hipossuficientes. Será isto uma distorção?

Respondendo à indagação acima, pensamos que não, tendo em vista que o acesso à jurisdição de qualidade, ou seja, efetiva e célere, é direito constitucional de todos os interessados, pobres e ricos. Consideramos positivo este movimento. O número de renúncias a valores, de tal modo a contemplar a causa no Juizado é significativo neste deslocamento da Justiça formal para a Justiça informal. O que não pode ocorrer, todavia, é o alargamento indiscriminado da competência do Juizado Federal ao argumento de que ele pode tudo. Não será a quantidade, mas a complexidade procedimental das causas o calcanhar de Aquiles do modelo federal.

§ 1º – **Não se incluem na competência do Juizado Especial Cível as causas:**
**I – referidas no art. 109, incisos II, III e XI, da Constituição Federal, as ações de mandado de segurança, de desapropriação, de divisão e demarcação, populares, execuções fiscais e por improbidade administrativa e as demandas sobre direitos ou interesses difusos, coletivos ou individuais homogêneos;**

Os incisos do art. 109 da CF são: "II – as causas entre Estado estrangeiro ou organismo internacional e Município ou pessoa domiciliada ou residente no País; III – as causas fundadas em tratado ou contrato da União com Estado estrangeiro ou organismo internacional; (...) XI – a disputa sobre direitos indígenas;".

Também não são admitidas as ações de mandado de segurança (Lei nº 1.533/51), de desapropriação (LC 76/93), de divisão e demarcação (CPC, arts. 946/981), populares (Lei nº 4.717/65) e execuções fiscais (Lei nº 6.830/80).

A primeira exclusão é processual, ou seja, independente do direito em debate. O objetivo é claro: não sobrecarregar o Juizado com várias espécies de procedimento, preservando-o para as particularidades inerentes ao novo órgão jurisdicional, com a vantagem da especialização da sua atividade cotidiana.

No que nos interessa:

"As ações cíveis sujeitas aos procedimentos especiais não são admissíveis nos Juizados Especiais". Enunciado n° 08.[8]

"Além das exceções constantes do § 1° do artigo 3° da Lei n° 10.259/2001, não se incluem na competência dos Juizados Especiais Federais os procedimentos especiais previstos no Código de Processo Civil, salvo quando possível a adequação ao rito da Lei n° 10.259/2001". Enunciado n° 9, do 2° FONAJEF.

Como segunda, colocaram o objeto da lide, sendo inadmitidos os temas que versem sobre improbidade administrativa, direitos ou interesses difusos, coletivos ou individuais homogêneos.

A propósito, define o Código de Defesa do Consumidor:

"I – interesses ou direitos difusos, assim entendidos, para efeitos deste Código, os transindividuais, de natureza indivisível, de que sejam titulares pessoas indeterminadas e ligadas por circunstâncias de fato;

II – interesses ou direitos coletivos, assim entendidos, para efeitos deste Código, os transindividuais de natureza indivisível de que seja titular grupo, categoria ou classe de pessoas ligadas entre si ou com a parte contrária por uma relação jurídica base;

III – interesses ou direitos individuais homogêneos, assim entendidos os decorrentes de origem comum". Artigo 81 da Lei n° 8.078/90.

Pelo rol apresentado, a ação civil pública (Lei n° 7.347/85) também está excluída, seja pela impossibilidade de se discutirem os direitos coletivos, difusos e individuais homogêneos, seja porque a Lei n° 10.259/01 somente admite no pólo ativo "as pessoas físicas e as microempresas e empresas de pequeno porte". Os legitimados para a ACP são o Ministério Público, a União, os Estados, os Municípios, as autarquias, as empresas públicas, as fundações, as sociedades de economia mista e associações (art. 5°).

---

[8] Os Enunciados citados são fruto do 10° Encontro do Fórum Permanente de Coordenadores de Juizados Especiais, realizado no período de 21 a 24 de novembro de 2001, em Porto Velho, Rondônia, e do 2° Fórum Nacional dos Juizados Especiais Federais – FONAJEF. Muitos dos Enunciados estaduais aplicam-se aos Juizados Federais, em face da subsidiariedade da Lei n° 9.099, daí a importância de conhecê-los e aplicá-los ao modelo federal.

A propósito:

"Não são admissíveis as ações coletivas nos Juizados Especiais Cíveis." Enunciado nº 32.

Bem explicou o Ministro do Superior Tribunal de Justiça, Teori Albino Zavascki,[9] na sua palestra em Brasília:

"Coloco, como exceção de natureza procedimental, a ação para tutela de direitos individuais homogêneos. A Lei, quando fala na exceção, fala em direitos difusos e coletivos e direitos individuais homogêneos, misturando-os. Devemos fazer uma distinção: os direitos individuais homogêneos não são da competência do juizado apenas nos casos em que haja uma demanda para sua tutela coletiva, ou seja, pela natureza coletiva do procedimento, não há compatibilidade com o juizado especial, não pelo fato de se tratar de direito individual homogêneo. O titular de um direito individual será da mesma origem de um direito individual de titularidade de muitas pessoas, que, em tese, são suscetíveis de tutela coletiva, por um substituto processual: o Ministério Público, uma associação, etc.; quando tutelado individualmente, pelo próprio titular, pode, sim, ser demando perante o Juizado Especial, não perdendo a natureza substancial de direito individual homogêneo. O que foge à competência do Juizado Especial é o procedimento de tutela coletiva desses direitos individuais".

O Enunciado nº 22 do 2º FONAJEF confirma o entendimento:

"A exclusão da competência dos Juizados Especiais Federais quanto às demandas sobre direitos ou interesses difusos, coletivos ou individuais homogêneos somente se aplica quanto a ações coletivas".

**II – sobre bens imóveis da União, autarquias e fundações públicas federais;**

Ao excluir bens imóveis da União, autarquias e fundações, restam ao JEF todos os móveis, bem como os bens imóveis e

---

[9] ZAVASCKI, Teori Albino. Juizados especiais cíveis – competência. In: SEMINÁRIO JUIZADOS ESPECIAIS FEDERAIS – Inovações e Aspectos Polêmicos. *Anais...* Brasília: AJUFE, p. 154, mar. 2002.

móveis das empresas públicas (Caixa Econômica Federal, Correios, etc.).

**III – para a anulação ou cancelamento de ato administrativo federal, salvo o de natureza previdenciária e o de lançamento fiscal;**

Excepcionando os atos administrativos previdenciários e fiscais, deixa um grande leque de possibilidades, como as causas relativas à anulação de lançamento tributário, de cassação/suspensão de benefício, de imposição de multas fiscais, de repetição de indébito tributário, entre outras.

Lamenta-se que tenham sido excluídas as multas de trânsito, da fiscalização do Ministério do Trabalho, entre outras, porque, de modo geral, referem-se a valores pequenos e, por esta razão, deixam de ser trazidas ao Foro Federal.

Neste sentido:

"Conflito negativo de competência. Anulação de multa de trânsito. Ação ordinária. Conflito instaurado entre Juízo Federal e Juizado Especial Federal. Competência do STJ. Lei n° 10.259/01, Art. 3°, § 1°, III.

1. (...) 2. (...) 3. A Lei n° 10.259/01, em seu art. 3°, § 1°, III, estabelece que os juizados especiais federais não têm competência para julgar as causas que envolvam a 'anulação ou cancelamento de ato administrativo federal, salvo o de natureza previdenciária e o de lançamento fiscal'.

4. Na hipótese, pretende o autor a anulação de autos de infração e o conseqüente cancelamento das multas de trânsito, pretensão de todo incompatível com o rito dos juizados especiais federais.

5. Conflito conhecido para declarar competente o Juízo Federal da 4ª Vara da Seção Judiciária de Goiás, o suscitado." (CC 48022 / GO, Relator Ministro Francisco Peçanha Martins, Primeira Seção, julgado em 26/04/2006, publicado no DJ de 12/06/06, p. 409).

"Conflito de competência. Juizado Especial Federal E Juízo Federal. Administrativo. Militar. Promoção. Pretensão de equiparação com quadro feminino da aeronáutica. Portaria n° 120/GM3 de 1984.

Se a pretensão do autor é de revisão de atos administrativos, com possibilidade de anulação ou cancelamento, incide o art. 3º, § 1º, inciso III, da Lei nº 10.259/2001 dos Juizados Especiais.

Conflito conhecido para declarar a competência do Juízo Federal da 1ª Vara da Seção Judiciária do Estado de Roraima." (STJ, CC 48047/RR, Relator Ministro José Arnaldo Fonseca, Terceira Seção, julgado em10/08/2005, publicado no DJ 14/09/2005, p. 191).

**IV – que tenham como objeto a impugnação da pena de demissão imposta a servidores públicos civis ou de sanções disciplinares aplicadas a militares.**

O dispositivo deve ser conjugado com o inciso anterior, o qual veda o aforamento de ações "para a anulação ou cancelamento de *ato administrativo federal*", que é o gênero do qual o ato administrativo disciplinar é uma das espécies.

Exclui todas as sanções disciplinares militares, previstas na Lei nº 6.880/80 (Estatuto dos Militares), e a de demissão para os civis. Nestes casos, a possibilidade de acordo seria, no mínimo, remota. Assim, agiu com acerto o legislador ao retirar do Juizado estas demandas, uma vez que a conciliação é uma das bases de legitimação da atividade judicante do JEF.

Restaram preservadas as controvérsias a respeito das sanções de advertência, suspensão, cassação de aposentadoria ou disponibilidade, destituição de cargo em comissão e de função comissionada (art. 127 da Lei nº 8.112/90 – Regime Jurídico dos Servidores Civis da União, autarquias e fundações), desde que não veiculem pretensões "para a anulação ou cancelamento" daqueles atos disciplinares.

## 2.1. Parágrafo 2º – OBRIGAÇÕES VINCENDAS

**§ 2º – Quando a pretensão versar sobre obrigações vincendas, para fins de competência do Juizado Especial, a soma de doze parcelas não poderá exceder o valor referido no art. 3º, *caput*.**

Para determinar a competência, somam-se as prestações vencidas e as vincendas como está no art. 260 do CPC?

Necessário deixar bem claro: o parágrafo fala que "quando a pretensão versar sobre obrigações vincendas", e não "quando a pretensão versar *exclusivamente* sobre obrigações vincendas", a soma de doze parcelas não pode superar o teto de 60 salários mínimos, pois é notório que toda relação jurídica que possua prestações a vencer tem, como antecedente natural, prestações vencidas.

Consideradas as premissas, embora o art. 260 do CPC cuide de espécie semelhante, tal artigo não deve ser aplicado no âmbito do JEF. Deve o exegeta valer-se do princípio da especialidade para resolver a questão. Assim, ao dicotomizar o problema em parcelas a vencer no § 2º do art. 3º, o legislador optou por divorciar-se, mais uma vez, do Código.

Destarte, naquelas causas em que exista litigiosidade sobre uma relação de trato sucessivo, ou sobre aspectos dela, como revisões, concessões, restabelecimento de benefícios, contratos bancários, Sistema Financeiro da Habitação – SFH, etc., e por isto cuidar-se de prestações vincendas por excelência, porque o que se quer é alteração do *status quo* atual e futuro (e não do passado), aplicaremos somente o § 2º, sem olvidar que possam existir atrasados (prestações vencidas) a serem ressarcidos na mesma causa.

No caso das revisões de benefícios previdenciários, com aumento da renda mensal, o valor da causa é a diferença entre a antiga renda mensal e a pretendida nova renda mensal, multiplicada por doze.

Neste sentido:

"O valor da causa, em ações de revisão da renda mensal de benefício previdenciário, é calculado pela diferença entre a renda devida e a efetivamente paga multiplicada por 12 (doze)". Enunciado nº 24, da Turma Recursal de São Paulo.[10]

Veja-se:

"Não se admite, com base nos princípios da economia processual e do juiz natural, o desdobramento de ações para cobrança de parcelas vencidas e vincendas". Enunciado nº 20, 2º FONAJEF.

---

[10] Fonte: www.trf3.gov.br.

Quando não for relação de trato sucessivo, aplica-se o *caput* do art. 3º, como, p. ex., repetição de tributos, anulatórias de ato previdenciário ou fiscal, de indenização, etc. Ou seja, procura-se a reparação do passado. Inexiste futuro a ser alterado pela ação judicial.

Impossível ao intérprete combinar o *caput* do art. 3º com o seu § 2º para justificar a soma das prestações vencidas com as vincendas, pois tal resultado levaria ao art. 260 do CPC, tornando as disposições da Lei nº 10.259 letras mortas.

O elemento histórico nos fornece alguma explicação. Os Juizados nasceram para dar uma resposta efetiva à sociedade, a qual exige uma solução para a demora do processo. Por outro lado, era necessário aliviar a carga imposta aos Tribunais, retirando deles os feitos de menor vulto econômico. Também é conhecida a situação do INSS e da União, os maiores demandados na Justiça Federal.

Da exposição de motivos do projeto da Lei nº 10.259/01 encaminhado à Presidência e ao Congresso, extraímos importantes informações para entendimento da questão:

"8. A Comissão de Trabalho[11] houve por bem sugerir modificações no anteprojeto do STJ, *destacando-se as que visam a manter a consonância da proposição com o texto da Lei nº 9.099, de 1995*, inclusive no que concerne à reforma da Parte Geral do Código Penal; *a determinação da forma de cálculo do valor da causa*; a sanção aplicada a servidores civis e militares que, por sua própria natureza, deve ser excluída da competência do Juizado Especial Federal; a exclusão de entidades que não se caracterizam como hipossuficientes, tendo em vista a finalidade primordial da criação do Juizado; a possibilidade de realização de perícias tendo em vista serem fundamentais para o deslinde de causas previdenciárias *e demais outras providências que têm o claro desiderato de agilizar a implementação dos Juizados Especiais Federais*".

Vejam: se a idéia era inaugurar uma fórmula de determinação do valor da causa específica, ou seja, própria para o

---

[11] A Comissão de Trabalho do Poder Executivo foi criada pela Portaria Interministerial nº 5, de 27/09/2000, e teve por escopo examinar e propor modificações ao anteprojeto de lei elaborado pelo Superior Tribunal de Justiça, a partir de proposta da Associação dos Juízes Federais – AJUFE.

Juizado Federal, não tem sentido apropriar-se das disposições do CPC.

Se a Lei nº 10.259 foi inspirada nestes anseios e objetivos, é claro que o legislador não poderia aplicar o art. 260 do CPC, pois tal emprego reduziria sensivelmente a competência dos Juizados, pelo aumento do valor da causa que a fórmula (vencidas + vincendas) provoca.

Por isto tudo, separaram as vencidas das vincendas.

A Turma Recursal de Santa Catarina – TR/SC –, sediada em Florianópolis, em voto da lavra do eminente Juiz Celso Kipper,[12] no processo nº 2002.72.07.000396-0, entendeu em sentido diverso, apesar de afastar a aplicação do art. 260 do CPC:

"7 – Em resumo, para fins de competência do Juizado Especial Federal, o valor da causa deve ser calculado considerando-se somente as prestações vencidas, até o limite de sessenta salários mínimos (art. 3º, *caput*, da Lei nº 10.259/2001), salvo se a pretensão versar exclusivamente sobre obrigações vincendas, caso em que a soma de doze parcelas não poderá exceder a tal limite (art. 3º, § 2º, da mesma lei)."

A questão, inclusive, é objeto de Súmula pela TR/SC:

"Nas demandas em que se postulam prestações vencidas e vincendas, fixa-se o valor da causa com base apenas no montante atualizado das parcelas vencidas até a data do ajuizamento da ação". Súmula 12.[13]

Vejamos. Uma pessoa com direito a benefício próximo do mínimo (R$ 201,00),[14] portanto cidadão da base da pirâmide social, não terá acesso ao Juizado se, por exemplo, seu benefício foi negado em 1997 e, só agora, pedir judicialmente a concessão. As prestações vencidas superam o teto de R$ 12.000,00 e, salvo renúncia, deverá contratar advogado e procurar uma Vara Federal comum, sujeitando-se a prazos privilegiados para o réu, reexame necessário, precatório, etc., apesar do valor mensal em discussão ser de um salário mínimo, e as doze vincendas totalizarem R$ 2.412,00 reais.

---

[12] Atualmente Desembargador Federal no TRF-4ª Região.
[13] Fonte: www.jfsc.gov.br.
[14] Para fins didáticos mantivemos o raciocínio com a utilização do salário-mínimo de R$ 200,00.

No entanto, se o segurado fosse daqueles mais bem-sucedidos, girando seu provável benefício em torno de R$ 1.561,56 (teto do salário-de-benefício em julho de 2002), teria ele acesso ao Juizado. Observem. As pessoas melhor colocadas financeiramente têm relativo conhecimento de seus direitos, bem como estrutura não-governamental organizada de apoio (sindicatos e associações) que lhes ampara com assessoria jurídica. Uma vez contrariadas, procuram de imediato ajuda profissional, ingressando em juízo com suas ações. Não há espera e, conseqüentemente, prestações vencidas em excesso. Estão, sem dúvida, com seu ingresso garantido para o Juizado.

De seu turno, o E. Superior Tribunal de Justiça decidiu pela aplicação do art. 260 do CPC:

"Conflito de competência. Turma Recursal do Juizado Especial Federal e Juízo Federal. Previdenciário. Ação de revisão de benefício. Lei nº 10.259/01. Prestações vencidas e vincendas – somatório. Valor de alçada.

Do exame conjugado da Lei nº 10259/01 com o art. 260 do CPC, havendo parcelas vincendas, tal valor deve ser somado às vencidas para os fins da respectiva alçada". (CC nº 46.732 – MS (2004/0145437-2), Rel. Min. José Arnaldo da Fonseca, 23 de fevereiro de 2005, data do julgamento).

Do acórdão, colhe-se:

"'O problema se põe quando há prestações vencidas e vincendas, dado que neste caso tanto a Lei nº 9.099/95 como a Lei nº 10.259/2001 foram obscuras, senão omissas. Com efeito, a dicção do citado art. 3º, § 2º, não é esclarecedora, eis que ao mencionar pretensão que versa sobre obrigações vincendas, silenciando sobre as vencidas, tanto pode estar querendo dizer que estas devem ser somadas àquelas, como que devem ser excluídas'.

Abraço a primeira interpretação. Na verdade, está implícito no mencionado § 2º do art. 3º o cômputo das parcelas vencidas, sendo que quando há vincendas, a soma de doze delas, somada àquelas, não poderá superar o patamar de 60 salários mínimos. Ao ressalvar as vincendas, o legislador certamente não pretendeu desconsiderar as vencidas.

Este entendimento é respaldado pelo art. 260 do Código de Processo Civil, *aplicado subsidiariamente em sede de Juizados Especiais*:

'Art. 260. Quando se pedirem prestações vencidas e vincendas, tomar-se-á em consideração o valor de umas e de outras. O valor das prestações vincendas será igual a uma prestação anual, se a obrigação for por tempo indeterminado, ou por tempo superior a 1 (um) ano; se, por tempo inferior, será igual à soma das prestações'.

Desde há muito está consagrado na evolução do direito processual civil brasileiro a adoção, para estabelecimento do valor da causa, da soma das parcelas vencidas com doze vincendas. Se já houve alguma discussão quanto às vincendas, a inclusão das vencidas é pacífica.

Em razão do exposto, conheço do presente conflito para determinar a competência do juízo federal suscitante".[15]

A decisão de aplicar o art. 260 do CPC de forma subsidiária não nos parece correta. A uma, porque a Lei nº 10.259/01 determina somente a aplicação subsidiária da Lei nº 9.099/95; a duas, porque a Lei nº 9.099/95 não admite a aplicação subsidiária do CPC, salvo em hipóteses especialíssimas e expressamente designadas; a três, porque a aplicação subsidiária pressupõe a existência de lacuna, no caso inocorrente, pois a questão se resolve na interpretação do próprio dispositivo (§ 2º do art. 3º da Lei nº 10.259).

A Turma Recursal de São Paulo, no nosso entender, tem a exegese mais correta da Lei nº 10.259:[16]

"O valor da causa, quando a demanda envolver parcelas vincendas, corresponderá à soma de doze parcelas vincendas controversas, nos termos do art. 3º, § 2º, da Lei nº 10.259/01". (Enunciado nº 13).

A Turma Recursal do Rio Grande do Sul, sediada em Porto Alegre,[17] a partir de suas decisões, estabeleceu questões de ordem bastante significativas, alargando a competência dos Juizados gaúchos:

---

[15] Acórdão publicado no Diário da Justiça da União de 14/03/2005. Grifos nossos.
[16] Fonte: www.trf3.gov.br
[17] Fonte: www.trf4.gov.br

"A Turma, à unanimidade, entendeu que a presença de litisconsortes ativos facultativos, faz com que o valor de alçada seja apurado em relação a cada litisconsorte". (Questão de Ordem VI, sessão de 06/05/2002).

"A Turma, por unanimidade, entendeu que o limite de 60 (sessenta) salários mínimos referidos no art. 3º da Lei nº 10.259/01, deve ser considerado em relação a cada pedido formulado pelo autor, evitando a multiplicação de ações". (Questão de Ordem VII).

O Enunciado nº 18 (2º FONAJEF) é do mesmo sentido:

"No caso de litisconsorte ativo, o valor da causa, para fins de fixação de competência deve ser calculado por autor".

O fato é que o dissídio jurisprudencial ainda vai perdurar por muito tempo, uma vez que a matéria é de índole processual e, portanto, não poderá ser objeto de pedido de uniformização:

"É adequada a limitação dos incidentes de uniformização às questões de direito material". Enunciado 43, 2º FONAJEF.

## 2.2. Parágrafo 3º – COMPETÊNCIA ABSOLUTA

**§ 3º – No foro onde estiver instalada Vara do Juizado Especial, a sua competência é absoluta.**

Fixada a competência do JEF pelo valor da causa, sua competência é absoluta. Não há possibilidade de eleição de foro, ou seja, de opção por parte do autor. Como lembra o prezado colega, Juiz Fernando Quadros da Silva:

"Nos Juizados Especiais Cíveis estaduais, instituídos pela Lei nº 9.099/95, permite-se ao cidadão a livre escolha, ou seja, pode ele optar pelo juizado especial ou pela justiça comum ordinária.

Neste sentido, a 4ª Turma do Superior Tribunal de Justiça, em acórdão relatado pelo Ministro Ruy Rosado, decidiu que 'o ajuizamento da ação perante o Juizado Especial é uma opção do autor'". (*Juizados Especiais Federais: Primeiras Impressões*, p. 26).

Por outro lado, não fosse a competência absoluta do Juizado em relação à Vara Federal, seria possível a opção e, assim, poderiam os advogados, das duas uma: ou não ajuizar a ação no Juizado, frustrando a possibilidade de conciliação; ou escolher o juízo, conforme a orientação mais favorável ao seu cliente.

A propósito, citamos exemplo: magistrado do Juizado Federal entende que é possível reconhecer o trabalho rural dos 12 aos 14 anos e, em sentido contrário, magistrado da Vara Federal entende pela impossibilidade. Se a causa de revisão de benefício tiver o valor de 80 salários mínimos, admitindo-se a renúncia na inicial, o autor poderá escolher de fato o juízo, burlando a regra da competência absoluta e a do juiz natural.[18] Portanto, fixada a competência do JEF pelo valor e não sendo complexa a causa, sua competência é absoluta. Não há possibilidade de eleição de foro, ou seja, de opção por parte do autor, como acontece nos Juizados estaduais ("O exercício do direito de ação no Juizado Especial Cível é facultativo para o autor" – Enunciado nº 1).

Chamamos a atenção para o fato de que a competência absoluta do Juizado Federal é combinada com uma execução que pode superar o teto, pois o autor tem a faculdade de renunciar parte do seu crédito, na fase executiva, para receber o que lhe é devido mais rapidamente, optando pelo pagamento em Requisição de Pequeno Valor – RPV (até 60 salários). Se não renunciar, receberá pelo sistema do Precatório (pagamento de mais de 60 salários mínimos).

Ainda sobre a renúncia, há momentos distintos para a mesma. No Juizado Estadual, é na inicial; no Federal, é na execução. Como não há possibilidade de opção, também não há possibilidade de renúncia ao valor da causa, independentemente do critério eleito, pois a competência de natureza absoluta impõe limites ao arbítrio da parte. Desta forma, ou a causa está dentro dos parâmetros ou não está. O ato de vontade, consistente na renúncia, é irrelevante. Lembramos que a disposição do § 3º é eloqüente, pois tal opção na Justiça Estadual é perfeitamente válida. A renúncia admitida pela Lei nº 10.259 é apenas na fase executiva,

---

[18] Isto acontece em todos os Juizados da 4ª Região, ante a aceitação da renúncia no ajuizamento da causa.

conforme seu art. 17. Não obstante, a orientação doutrinária e jurisprudencial é em sentido contrário, como relata Bollmann (2004).[19]

A matéria encontra-se sumulada:

"Não há renúncia tácita no Juizado Especial Federal, para fins de competência". Súmula 17 da Turma de Uniformização Nacional de Jurisprudência dos Juizados Especiais Federais.

Também:

"Não há renúncia tácita nos Juizados Especiais Federais para fins de fixação de competência". Enunciado nº 16, 2º FONAJEF.

"Não cabe renúncia sobre parcelas vincendas para fins de fixação de competência nos Juizados Especiais Federais". Enunciado nº 17, 2º FONAJEF.

No processo nº 2002.72.00.50098-0, a TR/SC assentou que "toca ao Judiciário estabelecer limites à possibilidade de renúncia por parte dos segurados", não admitindo que a parte "abra mão de quantia que exceda a quarenta por cento de seu crédito apenas para poder optar pelo rito dos Juizados".

Uma vez admitido, não há base legal para a limitação ao direito de renúncia. A jurisprudência está pacificada em reconhecer a renúncia ao próprio benefício previdenciário, tendo-se como exemplo:

"Previdenciário. Renúncia à aposentadoria por tempo de serviço, com expedição de Certidão de Tempo de Serviço.

1. É perfeitamente válida a renúncia à aposentadoria, visto que se trata de um direito patrimonial de caráter disponível, inexistindo qualquer lei que vede o ato praticado pelo titular do direito, se não contraria qualquer interesse público.

2. A Instituição Previdenciária não pode contrapor-se à renúncia para compelir o segurado a continuar aposentado, visto que carece de interesse". (TRF-4ª Região, Rel. Des. Fed. João Surreaux Chagas, Apelação em Mandado de Segurança 0422482-4/SC, RTRF nº 27, p. 233).

---

[19] Uma vez efetuado o cálculo do valor da causa, seja pelo autor, seja pelo Juizado, ocorrendo a extrapolação do teto de 60 salários mínimos, deve a parte autora ser intimada para a renúncia dos valores excedentes.

A Enciclopédia Saraiva do Direito traz:

"Direitos disponíveis são todos aqueles em que, por prevalecerem os interesses dos respectivos titulares sobre o geral, coletivo, têm eles plena disposição dos mesmos. Sua noção se liga à de direitos patrimoniais, isto é, aos que, em contraposição aos extrapatrimoniais (abrangentes dos direitos personalíssimos, dos direitos sobre a própria pessoa e de certos direitos de família), são suscetíveis de apreciação pecuniária.

São direitos indisponíveis aqueles relativamente aos quais os titulares não têm qualquer poder de disposição: nascem, desenvolvem-se e extinguem-se independentemente da vontade destes. Dentre eles alinham-se, induvidosamente, os direitos da personalidade e os referentes ao estado e a capacidade da pessoa, assim também à família. São, outrossim, irrenunciáveis, e, em regra, intransmissíveis".[20]

Desta forma, irrenunciáveis são apenas os direitos indisponíveis, como os personalíssimos, para os quais a vontade do titular é irrelevante. Os direitos disponíveis são todos renunciáveis, por prevalecer neles o interesse privado sobre o coletivo.

Quem pode o mais, pode o menos. Isto é, se é lícito renunciar a todo o benefício, é facultado ao titular renunciar parte deste direito patrimonial, como, por exemplo, 50% ou mais dos valores atrasados, beneficiando-se, por outro lado, de um processo expedito e da imediata implantação ou majoração da renda mensal em um acordo.

A imensa maioria não busca valores atrasados, mas a segurança de um dinheiro fixo mensal, que possibilite viver o dia-a-dia. As parcelas atrasadas são, na verdade, um bônus.

Então, a título de proteger o segurado de sua própria vontade, a decisão acabou lhe prejudicando, tornando-o relativamente incapaz e impedindo-o de ter acesso a uma jurisdição moderna, calcada na conciliação e que importa, sempre, na renúncia de direitos por ambas as partes litigantes.

O paternalismo judicial não deve ter lugar no Juizado.

---

[20] (Volume 28, p. 165/6 e 200/2).

Interessante é perguntarmos qual o juízo competente nas ações conexas (art. 103 do CPC).

É relativa a competência em razão do valor (art. 102 do CPC) e, sendo dois os juízes com a mesma competência territorial, será competente aquele que primeiro despachou (art. 106). Se de competência territorial diversa, aquele onde houve citação válida (art. 219).

De qualquer modo, é corolário que as causas conexas devem ser julgadas pelo JEF, afastando a prevenção como meio de prorrogação de competência, pois a sua competência é absoluta (§ 3º do art. 3º da Lei nº 10.259) em relação às demais Varas Federais.

O Enunciado nº 68 esclarece:

"Somente se admite conexão em Juizado Especial Cível quando as ações puderem submeter-se à sistemática da Lei nº 9.099/95".

*Mutatis mutandis*, quando puder submeter-se à sistemática da Lei nº 10.259, isto é, observe o teto de sessenta salários mínimos, não seja procedimento especial, não veicule direitos coletivos, etc.

O Enunciado nº 73 também merece conhecimento:

"As causas de competência dos Juizados Especiais em que forem comuns o objeto ou a causa de pedir poderão ser reunidas para efeito de instrução, se necessária, e julgamento."

Quando não for possível a reunião dos processos no Juizado, porque um deles não se encaixa no conceito de "menor complexidade" (art. 98 da CF c/c arts. 3º e 6º da Lei nº 10.259), a solução importa em reconhecer que a conexão existente torna de "maior complexidade" aquela causa do Juizado também, afirmando-se a competência da Vara Federal para o julgamento de ambos os processos. Evita-se a possibilidade de decisões contraditórias e preserva-se o Juizado para causas de menor complexidade, sua função constitucional:

"Conflito negativo de competência. Ações conexas. Juizado Especial Federal Cível.

1. É necessário que as ações conexas tramitem perante o mesmo juízo.

2. A incidência da regra estabelecida no art. 3º, § 3º, da Lei nº 10.259/2001, que acarretaria na competência do Juizado Especial Federal Cível para processar e julgar apenas a ação de consignação em pagamento, gera o risco de surgimento de decisões contraditórias, o que ofende os princípios da segurança jurídica e da economia e celeridade processuais.

3. Conflito de competência conhecido, declarando-se competente o Juízo Federal da 2ª Vara da Seção Judiciária do Estado do Rio Grande do Sul – RS, o suscitado." (STJ, CC 48139/RS, Relator Ministro Fernando Gonçalves, Segunda Seção, julgado em 23/11/2005, publicado no DJ 05.12.2005 p. 215).

O conflito de competência ocorre quando dois ou mais juízes declaram-se competentes ou incompetentes para o exame de determinada causa.

E o conflito entre o Juizado e a Vara Federal Cível? Será solvido pelo TRF? Pelo STJ? Interpretando literalmente a Constituição, o possível conflito deverá ser resolvido pelo Tribunal Regional Federal a que estão vinculados os juízes,[21] na forma do art. 108, I, *e*, da CF.

A jurisprudência do Supremo Tribunal Federal era pacífica, podendo ser aplicada ao modelo federal:

"Conflito de competência. Juiz de Direito e Juizado Especial.

Juízes integrantes do Poder Judiciário de um mesmo Estado-membro, cujos lindes jurisdicionais hão de ser definidos pelo Tribunal de Justiça local, órgão a que deverão ser remetidos os autos. Precedentes do Plenário do STF (CC nº 7.096, Relator Ministro Maurício Corrêa). Conflito não conhecido." (STF, CC 7.095/GO – GOIÁS, Relator Ministro Ilmar Galvão, julgamento em 08/06/2000, Tribunal Pleno, publicação no DJ 04/08/2000, p. 3).[22]

Seguindo as decisões do Supremo, o conflito entre Turma Recursal e Vara Federal também seria resolvido pelo TRF, considerando que a Turma (órgão colegiado de juízes de pri-

---

[21] No mesmo sentido: Tourinho Neto e Figueira Júnior (2002, p. 136).
[22] Outros precedentes do STF: CC nº 7.096, Relator Min. Maurício Corrêa, e CC nº 7.098, Relator Ministro Moreira Alves.

meiro grau de jurisdição), segundo entendimento do STJ (Súmula 203), não se equipara a Tribunal, escapando, portanto, da competência do Superior Tribunal de Justiça a solução do impasse, na forma do art. 105, I, *d*, da CF.[23]

A propósito:

"Conflito negativo de competência – Mandado de Segurança contra ato de Juiz de Juizado Especial Cível – Conflito entre turma recursal e Tribunal de Alçada – STJ – Inexistência de previsão constitucional (CF, art. 105, I, *d*).

1. Compete ao Superior Tribunal de Justiça processar e julgar, originariamente, os conflitos de competência entre quaisquer tribunais, ressalvado o disposto no art. 102, I, *o*, bem como entre tribunal e juízes a ele não vinculados e entre juízes vinculados a tribunais diversos (art. 105, I, *d* da Constituição).

2. A Turma Recursal de Juizado Especial não tem conceituação de 'Tribunal' para fins de aplicação do art. 105, I, *d* da Constituição Federal.

3. Incompetência do STJ para julgar conflito de competência entre Turma Recursal de Juizado Especial e Tribunal de Alçada do mesmo Estado, pois estão subordinados ao Tribunal de Justiça do Estado. Aplicação da Súmula 22/STJ.

4. Conflito de competência não conhecido, e remessa dos autos ao Tribunal de Justiça do Estado de Minas Gerais." (STJ, CC 38288/MG, Relator Ministro Teori Albino Zavascki, Primeira Seção, julgado em 27/08/2003, publicado no DJ de 29/09/2003, p. 139).

O Supremo Tribunal Federal, no Conflito de Competência nº 7.081-6, instaurado entre *Turma Recursal* e *Tribunal de Alçada*, decidiu:

"Direito constitucional, penal e processual penal. Conflito negativo de competência, entre a Turma Recursal do Juizado Especial Criminal da Comarca de Belo Horizonte e o Tribunal de Alçada do Estado de Minas Gerais. Conpetência do Superior Tribunal de Justiça para dirimi-lo (art.

---

[23] "Art. 105. Compete ao Superior Tribunal de Justiça: I – processar e julgar, originariamente: (...); *d*) os conflitos de competência entre quaisquer tribunais, ressalvado o disposto no art. 102, I, *o*, bem como entre tribunal e juízes a ele não vinculados e entre juízes vinculados a tribunais diversos; (...)".

105, § 1º, *d*, da CF). E não do Supremo Tribunal Federal (art. 102, § 1º, *o*).

1. As decisões de Turma Recursal de Juizado Especial, composta por Juízes de 1º Grau, não estão sujeitas à jurisdição de Tribunais estaduais (de Alçada ou de Justiça).

2. Também as dos Tribunais de Alçada não se submetem à dos Tribunais de Justiça.

3. Sendo assim, havendo Conflito de Competência, entre Turma Recursal de Juizado Especial e Tribunal de Alçada, deve ele ser dirimido pelo Superior Tribunal de Justiça, nos termos do art. 105, 1, *d*, da CF, segundo o qual a incumbência lhe cabe, quando envolva 'tribunal e juízes a ele não vinculados'.

4. Conflito não conhecido, com remessa dos autos ao Superior Tribunal de Justiça, para julgá-lo, como lhe parecer de direito.

5. Plenário. Decisão unânime." (CC 7.081-6/M G, Relator Min. Sydney Sanches, julgado em 19/08/02, DJ de 27/09/02).

Então, a partir do entendimento do Supremo Tribunal Federal, no Conflito de Competência nº 7.081-6, que baseou seu julgamento *no princípio da hierarquia da jurisdição*, não conhecendo do conflito de competência entre Turma Recursal e Tribunal de Alçada, mas encaminhando-o ao Superior Tribunal de Justiça, a jurisprudência do STJ se alterou, inclusive para abranger os juízes vinculados ao mesmo Tribunal Regional Federal:

"Conflito de competência. Juiz Federal de Juizado Especial e Juiz Federal de Juizado Comum. Competência do STJ para apreciar o conflito. Juizado Especial Federal. Competência. Critérios. Natureza. Anulação de Ato Administrativo Federal multa aplicada no exercício do poder de polícia). Competência do Juizado Federal Comum, e não do Especial.

1. A Constituição atribui ao STJ competência para dirimir conflitos "entre quaisquer tribunais, ressalvado o disposto no art. 102, I, o, bem como entre tribunal e juízes a ele não vinculados e entre juízes vinculados a tribunais diversos" (art. 105, I, d). A norma tem o sentido de retirar dos tribunais locais o julgamento de conflito entre órgãos

judiciários a eles não vinculados, atribuição que fica reservada ao STJ, tribunal da União com jurisdição de âmbito nacional. Assim entendido o dispositivo, nele está compreendida, implicitamente, a competência do STJ para dirimir qualquer conflito entre juízes não vinculados a um mesmo tribunal local ou regional.

2. A jurisprudência do STF e da Corte Especial do STJ considera que as Turmas Recursais de Juizado Especial e os Tribunais de Alçada do mesmo Estado não são órgãos vinculados ao Tribunal de Justiça, razão pela qual o conflito entre eles é conflito 'entre tribunal e juízes a ele não vinculados', o que determina a competência do STJ para dirimi-lo, nos termos do art. 105, I, *d*, da Constituição.

3. Assim como a Turma recursal, também o Juiz Federal de Juizado Especial não está vinculado ao Tribunal Regional Federal, o que significa dizer que o conflito entre ele e um Juiz Federal de juizado comum é conflito entre juízes não vinculados ao mesmo tribunal. Também aqui, portanto, a competência para apreciar o conflito é do STJ, a teor do que está implicitamente contido no art. 105, I, *d*, da Constituição.

4. A Lei nº 10.259/01, que instituiu os Juizados Cíveis e Criminais no âmbito da Justiça Federal, estabeleceu que a competência desses Juizados têm natureza absoluta e que, em matéria cível, obedece como regra geral a do valor da causa: são da sua competências causas com valor de até sessenta salários mínimos (art. 3º).

5. A essa regra foram estabelecidas exceções ditadas (a) pela natureza da demanda ou do pedido (critério material), (b) pelo tipo de procedimento (critério processual) e (c) pelos figurantes da relação processual (critério subjetivo). Entre as exceções fundadas no critério material está a das causas que dizem respeito a 'anulação ou cancelamento de ato administrativo federal, salvo o de natureza previdenciária e o de lançamento fiscal'. Entende-se por lançamento fiscal, para esse efeito, o previsto no Código Tributário Nacional, ou seja, o que envolve obrigação de natureza tributária.

6. No caso concreto, o que se tem presente é uma ação de procedimento comum, com valor da causa inferior a ses-

senta salários mínimos, que tem por objeto anular auto-de-infração lavrado contra o demandante, 'que deixou de proceder à aferição do taxímetro de seu veículo na data fixada'. Tratando-se de ato administrativo decorrente do exercício do poder de polícia, a causa se enquadra entre as de 'anulação ou cancelamento de ato administrativo federal', excepcionada da competência dos Juizados Federais pelo art. 3º, 1º, III, da Lei nº 10.259/01.

7. Conflito conhecido, declarando-se a competência do Juízo Federal da 3ª Vara da Seção Judiciária do Espírito Santo, o suscitado." (STJ, CC 54145/ES, Relator Ministro Teori Albino Zavascki, Primeira Seção, julgado em 26/04/2006, DJ 15/05/2006, p. 147).

Doravante, o conflito entre Turma Recursal e Vara Federal também deverá ser solvido pelo STJ, pois é o Tribunal com hierarquia jurisdicional para resolver as questões de ambos, seja pela via do recurso especial (Vara Federal), seja pela via do pedido de uniformização (Juizado federal – § 4º do art. 14 da Lei nº 10.259).

Outrossim, seguindo a orientação do STJ, o conflito entre magistrados de Juizados Federais será solvido pela TR a que estão vinculados funcionalmente, atendendo-se ao Enunciado nº 67:

"O conflito de competência entre juízes de Juizados Especiais vinculados à mesma Turma Recursal será decidido por esta".

Se de Turmas diversas, porém da mesma Região, pela Turma Regional, sob a presidência do Desembargador Coordenador – art. 14, § 1º, da Lei nº 10.259, pois tem competência para revisar as decisões das TRs em dissídio.

O novo entendimento a respeito da matéria, ou seja, de que é o Superior Tribunal de Justiça o órgão judicial para resolver os conflitos de competência, e não mais o Tribunal Regional Federal, declara a independência funcional dos Juizados e das Turmas Recursais, pois impede a ingerência dos Regionais no sistema de Juizados, restando apenas uma vinculação meramente administrativa, na forma do art. 26 da Lei nº 10.259/01.

A Lei nº 9.099 prevê a extinção do processo, sem exame de mérito, quando "for reconhecida a incompetência territorial" – inc. III do art. 51.

Percebe-se, claramente, que a solução legal não é a melhor, devendo o magistrado determinar a remessa dos autos ao juiz competente, pois a medida atende ao princípio da economia processual, inserido no art. 2º da Lei nº 9.099. Neste sentido:

"É possível a declinação de competência no processo eletrônico entre Varas que possuam o sistema". Enunciado nº 1, do II Encontro dos JEF's da 4ª Região (www.trf4.gov.br).

Se é possível ao processo eletrônico, não me parece que seja diferente a solução para o processo tradicional. Entretanto, há entendimento em sentido contrário:

"Reconhecida a incompetência do JEF, é cabível a extinção do processo, sem julgamento de mérito, nos termos do art. 1º da Lei nº 10.259/2001 e do art. 51, III, da Lei nº 9.099/95". Enunciado nº 24, 2º FONAJEF.

Observe-se, apenas, que o referido Enunciado coloca a expressão "cabível" e não "obrigatória" para a extinção do processo, facultando ao Juízo decidir pela conveniência ou não da medida no caso concreto.

### 3. Artigo 4º – MEDIDAS CAUTELARES E SATISFATIVAS

Art. 4º – O Juiz poderá, de ofício ou a requerimento das partes, deferir medidas cautelares no curso do processo, para evitar dano de difícil reparação.

As medidas cautelares do artigo referem-se também à tutela antecipada? São a mesma coisa? Submetem-se ao mesmo regime recursal?

Medidas cautelares são apenas as cautelares puras (garantidoras do objeto do processo principal), pois não se confundem com as de antecipação de tutela (satisfativas). As duas correspondem a medidas de urgência, cada qual com seus objetivos e requisitos.

É bom relembrar que, antes da alteração do art. 273 do CPC pela Lei nº 8.952, de 13/12/94, utilizávamos indistintamente as medidas cautelares para providências de cunho satisfativo.

Desta forma, se for medida cautelar o que busca a parte, deverá enfatizar o pedido com os pressupostos da fumaça do bom direito e com o perigo da demora ao processo. Se de antecipação tratar, o art. 273 do CPC elenca a necessidade da prova inequívoca, da verossimilhança da alegação e do risco de dano irreparável ou de difícil reparação, podendo ser concedida diante do abuso do direito de defesa ou do propósito meramente protelatório do réu.

Tendo em vista que a Lei nº 9.099/95 não prevê medida liminar – cautelar ou de antecipação, foi editado o Enunciado 26:

"São cabíveis a tutela acautelatória e a antecipatória nos Juizados Especiais Cíveis, em caráter excepcional".

De seu turno, o Enunciado nº 22 dispõe:

"A multa cominatória é cabível desde o descumprimento da tutela antecipada, nos casos dos incisos V e VI do art. 52 da Lei nº 9.099/95."

Aqui é importante dizer que o sistema recursal é o mesmo para os dois tipos de liminares. As Turmas Recursais não apreciarão recursos de decisões denegatórias, conforme decidido na reunião entre o Coordenador dos Juizados, o ilustre Desembargador Federal Vilson Darós, e os juízes das três Turmas da 4ª Região, em Porto Alegre/RS, no dia 24 de janeiro de 2002.

A exegese decorre do art. 4º, que fala em *deferir* medidas cautelares. O propósito, indiscutivelmente, foi restringir o acesso ao 2º Grau, diminuindo as possibilidades de recurso e, conseqüentemente, os feitos levados à Turma.

A Resolução 54 do TRF – 4ª Região,[24] de 28/11/01, descreve o procedimento a ser adotado pela parte:

"§ 2º – O recurso da decisão sobre medida cautelar será entregue na secretaria do Juizado, no prazo de cinco dias, em petição que será autuada em separado, acompanhada das peças indispensáveis ao julgamento da matéria e, imediatamente, remetido à Turma Recursal para distribuição.

---

[24] A Resolução nº 54 foi parcialmente alterada pela Resolução nº 94, de 08/11/04 e, agora, ambas foram alteradas pela Resolução nº 108, de 19/09/05. Os TRFs têm autonomia para regular a matéria, com base no poder regulamentar conferido pelo art. 14, § 10, da Lei nº 10.259, podendo ocorrer alguma divergência entre os Regionais, pelo que optamos por estudar as normas do TRF-4ª R.

Colhida a manifestação do recorrido e, se for o caso, do Ministério Público, em igual prazo, o recurso será julgado com observância, no que couber, do disposto nos artigos 41 a 46 da Lei nº 9.099, de 26 de setembro de 1995".

O recurso da decisão em medida cautelar ou antecipatória, no nosso modo de ver, deve ser chamado de agravo,[25] pela familiaridade que possui com o seu congênere do Código.

Prazo de 5 dias, e não 10, como está no art. 522 do CPC ou no art. 42 da Lei nº 9.099/95, que, repito, não prevê medida liminar – cautelar ou de antecipação – e refere-se ao prazo para o recurso da sentença.

A Resolução 54 do TRF – 4ª Região prescreveu os cinco dias com base no poder regulamentar conferido pelo artigo 14, § 10, da Lei nº 10.259:

"Os Tribunais Regionais, o Superior Tribunal de Justiça e o Supremo Tribunal Federal, no âmbito de suas competências, expedirão normas regulamentando a composição dos órgãos e os procedimentos a serem adotados para o processamento e o julgamento do pedido de uniformização e do recurso extraordinário."

O reduzido lapso foi inspirado no critério da celeridade (art. 2º da Lei nº 9.099), além de ser consentâneo aos 10 dias para o recurso da sentença, que, de agora em diante, chamaremos de apelação. O prazo foi estipulado nacionalmente, no intuito de uniformizar os procedimentos, conforme manual dos Juizados Especiais elaborado pelo Conselho da Justiça Federal, estando disponível no *site* www.cjf.gov.br/jef/edoc.asp. Entretanto, como são independentes os Tribunais, o TRF – 2ª Região adotou 10 dias (Resolução nº 30, de 22/11/01).

A Turma Recursal do Rio Grande do Sul, na sua Questão de Ordem V, estabeleceu:

"A Turma, por unanimidade, decidiu que o prazo recursal, no âmbito dos Juizados Especiais Federais, contra medidas cautelares, é de 10 (dez) dias, afastando, em face do reconhecimento da ilegalidade, o prazo da Resolução nº 54, do Egrégio Tribunal Regional Federal da 4ª Região".

---

[25] A denominação também foi adotada no 2º FONAJEF, conforme se nota pelos Enunciados ns. 30 e 31, ao falarem, respectivamente, em "agravo regimental" e "recurso de agravo".

A Resolução 54 determina que se faça acompanhar das *peças indispensáveis*, tendo-se como tais aquelas previstas no art. 525 do CPC (cópias da decisão agravada, da certidão da intimação, das procurações dos advogados do agravante e do agravado, quando houver, eis que não é necessário advogado no JEF, conforme art. 10 da Lei n° 10.259).

Dúvidas não existem a respeito da possibilidade do aforamento de cautelar preparatória, consoante os artigos 796 a 812 do CPC, embora entendamos pela desnecessidade de tal medida, em face dos princípios dos Juizados. O pedido cautelar pode e deve ser feito na petição inicial da causa principal, assim como o de tutela antecipada.

Questão interessante acontece quando a medida é concedida na sentença do processo ordinário (leia-se regido pelo CPC). Explica-nos o eminente Desembargador Amir José Finocchiaro Sarti, do TRF-4ª Região:

"Ressalve-se, entretanto, a hipótese de a medida ser concedida na própria sentença do processo principal. Nesse caso, segundo decidiu o Pleno do Tribunal Regional Federal da 4ª Região, 'a tutela antecipatória deferida no bojo de sentença é atacável mediante agravo de instrumento', porque, aí, a antecipação não integra a estrutura lógica da sentença – 'embora formalmente o ato seja único, há, substancialmente, a prolação simultânea de atos distintos. O ato do juiz que aprecia o pedido de antecipação de tutela é materialmente autônomo, distinto e inconfundível com o da sentença, razão pela qual, também, nesses casos, é atacável por recurso de agravo de instrumento' (*Medidas Cautelares e Antecipatórias no Juizado Especial Federal*, Revista Jurídica, Out/2001, Doutrina, p. 47/53)."

Entretanto, tal raciocínio não deve ser aplicado aos Juizados, uma vez que subsumidos aos princípios da informalidade, simplicidade, economia e celeridade.

Aplicável ao caso a Questão de Ordem VIII da Turma Recursal do Rio Grande do Sul:

"A Turma, por unanimidade, decide pela inadmissibilidade do recurso interposto de forma autônoma contra tutela antecipada deferida em sentença de mérito".

Desta forma, o ataque à medida deve ser realizado como preliminar do recurso de apelação da sentença.

A mesma Turma estabeleceu:

"A Turma, por unanimidade, na Questão de Ordem nº 3, decidiu da possibilidade de antecipação de tutela contra a Fazenda Pública, e da não-incidência do artigo 1º da Lei nº 9.494/97, em se tratando de benefícios previdenciários. Decidiu ainda pela possibilidade jurídica de antecipação de tutela em sentença (Sessão de 04/03/2002)".

E o agravo retido? Existe no JEF? Cremos não haver espaço para o recurso previsto no art. 523 do CPC, uma vez que a regra é a da irrecorribilidade das decisões interlocutórias, a teor do art. 5º da Lei nº 10.259. Se não há preclusão, a matéria deve ser levantada na apelação, como qualquer outra preliminar porventura existente.

Não há dúvida de que a cautelar pode ser concedida de ofício. E a tutela antecipada?

A exemplo do que ocorre com o poder geral de cautela conferido ao magistrado pelo art. 4º da Lei nº 10.259 e arts. 798 e 799 do CPC, possui também o poder geral de tutela, autorizado pelo § 3º do art. 461 do Código:[26]

"Sendo relevante o fundamento da demanda e havendo justificado receio de ineficácia do provimento final, é lícito ao juiz conceder a tutela liminarmente ou mediante justificação prévia, citado o réu. A medida liminar poderá ser revogada ou modificada, a qualquer tempo, em decisão fundamentada.[27]

Sempre que verificar hipótese de "*ineficácia do provimento final*", caso em que a jurisdição se frustraria no encerramento da demanda, tornando a sentença inútil e letra morta ao vencedor da lide, como sói acontecer nas ações previdenciárias dos inválidos, idosos e hipossuficientes, deverá o magistrado antecipar a tutela nas obrigações de fazer ou não fazer. Exemplo corriqueiro é o da implantação de benefício previdenciário ou assistencial.

Ativar as prerrogativas da jurisdição, que é o poder e o dever do Estado em resolver a lide, é obrigação do magistrado que conduz o processo.

---

[26] "É válida a intimação do Procurador Federal para cumprimento da obrigação de fazer, independentemente de ofício, com base no art. 461 do Código de Processo Civil". Enunciado. 8, 2º FONAJEF.
[27] Disposição idêntica no artigo 84 da Lei nº 8.078/90 (CDC).

Justiça atrasada é injustiça qualificada pelo Estado, que é quem, precipuamente, deve prestá-la a tempo e modo úteis ao contribuinte, merecedor de um serviço público à altura de suas expectativas.

A propósito, o Coordenador dos Juizados na 4ª Região expediu as seguintes orientações em relação aos agravos:

"Não cabe agravo contra decisão interlocutória de Juiz de JEF de primeira instância, em conformidade com a Lei dos JEF's.

A única hipótese admissível de agravo é contra o não recebimento de recurso especial – competência do Presidente da Turma Recursal."

Também:

"Não cabe agravo contra decisão monocrática que, com fundamento no artigo 557, caput, do Código de Processo Civil, negou seguimento ao pedido de uniformização jurisprudencial com base em orientação sumulada pelo órgão colegiado". Súmula 3 da Turma Regional de Uniformização.

## 4. Artigo 5º – RECURSO DA SENTENÇA

**Art. 5º – Exceto nos casos do art. 4º, somente será admitido recurso de sentença[28] definitiva.**

É clássica a distinção entre sentença terminativa e definitiva, porque a primeira não decide o mérito da causa. Por outro lado, a precisão técnica não é fútil, eis que o legislador realmente queria que as sentenças terminativas fossem irre-

---

[28] São importantes os seguintes Enunciados federais (FONAJEF):
"O julgamento de mérito de plano ou *prima facie* não viola o princípio do contraditório e deve ser empregado na hipótese de decisões reiteradas de improcedência pelo juízo sobre determinada matéria". E. nº 1.
"Nos casos de julgamentos de procedência de matérias repetitivas, é recomendável utilização de contestações depositadas na Secretaria, a fim e possibilitar a imediata prolação de sentença de mérito". E. nº 2.
"As sentenças e antecipações de tutela devem ser registradas tão somente em meio eletrônico". E. nº 5.
"A decisão que contenha os parâmetros de liquidação atende ao disposto no art. 38, parágrafo único, da Lei nº 9.099/95". E. nº 32.

corríveis, pois, a princípio, não geram ônus para as partes. Com efeito, se extinguem o processo sem exame do mérito (art. 51 da Lei nº 9.099 e art. 267 do CPC), não impedem a rediscussão da matéria.

Outrossim, tal entendimento tem eco no caso das medidas cautelares, pois só é cabível o reexame da decisão que *defere* a medida cautelar, restringindo, assim, os recursos. No mesmo sentido é a Resolução 54:

"Art. 5º – Compete às Turmas Recursais julgar os recursos interpostos das *sentenças definitivas* e das decisões sobre medida cautelar no curso do processo, proferidas no âmbito dos Juizados Especiais.

§ 1º – O recurso da *sentença definitiva* será processado e julgado segundo o disposto nos artigos 41 a 46 da Lei nº 9.099, de 26 de setembro de 1995".[29]

Todavia, prevaleceram, para fins do Juizado, por "sentença definitiva" aquelas que extinguem o processo com ou sem exame de mérito (art. 51 da Lei nº 9.099; arts. 267 e 269 do CPC).

A Turma Recursal de Santa Catarina sumulou:

"Cabe recurso da sentença que extingue o processo, com ou sem apreciação do mérito. (Art. 5º da Lei nº 10.259/01)". Súmula nº 6.

Como tudo nos JEFs é recente, esperamos que a posição das Turmas seja revista no futuro, pois, como já dissemos alhures, a Lei nº 10.259 é uma evolução natural e desejada por todos, em particular no que tange ao término da infinidade de possibilidades recursais.

Quanto mais recursos tivermos, mais demorados serão os julgamentos. De nada adiantará agilidade e celeridade nos

---

[29] Enunciado nº 28, 2º FONAJEF: "É inadmissível a avocação, por Tribunal Regional Federal, de processos ou matéria de competência de Turma Recursal, por flagrante violação ao art. 98 da Constituição Federal".
Enunciado 29, 2º FONAJEF: "Cabe ao relator, monocraticamente, atribuir efeito suspensivo a recurso, bem assim lhe negar seguimento ou dar provimento nas hipóteses tratadas no art. 557, caput e § 1-A, do CPC, e quando a matéria estiver pacificada em súmula da Turma Nacional de Uniformização, enunciado de Turma Regional ou da própria Turma Recursal".
Enunciado 34, 2º FONAFEF: "O exame de admissibilidade do recurso poderá ser feito apenas pelo relator, dispensado o prévio exame no primeiro grau".
Enunciado 36, 2º FONAJEF: "O momento para oferecimento de contra-razões de recurso é anterior ao seu exame de admissibilidade".

Juizados se as Turmas não conseguirem dar vazão aos feitos submetidos a reexame.

Os embargos de declaração são previstos para as sentenças e para os acórdãos das TR, observando-se o disposto nos artigos 48 a 50 da Lei nº 9.099 – art. 7º da Resolução 54.[30]

O prazo é de 5 dias, contados da ciência da decisão, suspendendo os prazos recursais. Ou seja, uma vez iniciado o prazo, não há mais interrupção. Notem que, como a Lei nº 9.099 não faz previsão de medidas liminares, o art. 50 somente se refere à sentença.

Destacamos, ainda, a possibilidade dos embargos de declaração para as decisões cautelares e antecipatórias, uma vez que podem ser necessários esclarecimentos em torno do sentido e alcance da liminar para o seu exato cumprimento.

Por isto, nos JEFs a suspensão também atinge a medida liminar.

De qualquer forma, e como não poderia ser diferente, os erros materiais podem e devem ser corrigidos de ofício (parágrafo único do art. 48 da Lei nº 9.099), a qualquer tempo, uma vez que não transitam em julgado.

Contagem dos prazos de acordo com o Enunciado nº 13:

"O prazo para recurso, no Juizado Especial Cível, conta-se da ciência da sentença, e não da juntada do AR ou mandado aos autos".

Os Juizados Federais exsurgiram na Constituição pela via de uma Emenda Constitucional (EC. 22, de 18/03/99), encontrando todo um arcabouço constitucional pronto, ou seja, não harmonizado com a possibilidade de existência de Juizados no âmbito do Poder Judiciário da União. Assim, as competências dos Tribunais Regionais Federais foram estipuladas,[31] sem a percepção de sua possível existência e, conseqüentemente, das relações futuras entre o sistema de Juizados (juízes e Turmas Recursais) e os Tribunais Regionais Federais.

---

[30] Enunciado 41, 2º FONAJEF: "Em caso de embargos de declaração protelatórios, cabe a condenação em litigância de má-fé (princípio da lealdade processual)".

[31] Interpretando literalmente a Constituição, nos Juizados Especiais Federais, sendo o juiz federal a autoridade coatora, o *writ* deve ser endereçado ao TRF (artigo 108, I, c, da Carta Magna), contrariamente ao que ocorre nos Juizados estaduais, pois a Constituição não prevê a competência do Tribunal de Justiça na hipótese.

A adequação, entre um e outro, é tarefa dos intérpretes contemporâneos, dedicados à problemática relação entre estes Órgãos jurisdicionais em seu cotidiano de trabalho. Em sendo assim, a leitura dogmática da Constituição não serve para resolver estas questões de relacionamento institucional e funcional. A exegese deve ser teleológica, pragmática e sistêmica. Teleológica, porque devemos ter em mente a finalidade dos Juizados; pragmática, porque devemos considerar os princípios dos Juizados e, sistêmica, porque os Juizados inserem-se no Poder Judiciário da União, devendo relacionar-se harmonicamente com os demais Órgãos judiciais, mantendo, porém, a independência de suas atribuições funcionais.

Vimos que a jurisprudência do STJ, ao cuidar de conflitos de competência, considerou que a vinculação existente entre as Turmas e os Tribunais Regionais Federais é meramente administrativa.

Feitas estas considerações, examinaremos o mandado de segurança no sistema de Juizados Federais.

Dos atos judiciais praticados no JEF poderão surgir lesões a direitos, sendo admitido o mandado de segurança, dada a ausência de recurso para as decisões interlocutórias, salvo as de antecipação e cautelares positivas. Não é cabível "contra ato judicial passível de recurso ou correição", a teor da Súmula 267 do Supremo Tribunal Federal.

Sabemos que o mandado de segurança não é recurso, mas ação constitucional (art. 5º, inc. LXIX) e, no caso de ato judicial, a doutrina e a jurisprudência sedimentaram que ele é cabível, excepcionalmente, nas hipóteses de decisões teratológicas e na iminência de gravames sérios e urgentes, pois "a lei não excluirá da apreciação do Poder Judiciário lesão ou ameaça a direito" – inc. XXXV do art. 5º da CF –, fazendo, pois, as vezes de recurso. É, por isto, um recurso vestido de ação.

Como forma excepcional de controle da atividade jurisdicional no processo, serve de válvula de escape para a necessidade de atendermos ao duplo grau de jurisdição nas hipóteses de denegação do pedido cautelar e nas sentenças terminativas (art. 5º da Lei nº 10.259/01).[32]

---

[32] "Art. 5º. Exceto nos casos do art. 4º, somente será admitido recurso de sentença definitiva".

Tratando-se de um recurso vestido de mandado de segurança e competindo a Turma Recursal a revisão dos atos judiciais praticados no processo, é correta a exegese que dispõe ser da competência da Turma o julgamento do *writ*.[33]

O artigo 98 da Constituição,[34] ao criar:

"'[...] o julgamento de recursos por turmas de juízes de primeiro grau', estabeleceu norma especial, prevalente sobre o critério genérico de competência recursal dos TRFs. As normas do art. 108 claramente têm por fim delimitar a competência da especial jurisdição federal, distinguindo-a da jurisdição comum, e não a servir como impeditivo à mais especial ainda norma da jurisdição dos Juizados". (Cordeiro, 2003).

Em sendo assim, a melhor exegese do elemento histórico, que considera a retrospectiva do ato legislativo (Lei nº 10.259/01), recomenda que a vedação ao mandado de segurança no âmbito dos Juizados Federais é na sua função típica, ou seja, de ação constitucional.

"Sabemos que o mandado de segurança é um remédio constitucional e, em inúmeros casos, é utilizado como via recursal. Quando é utilizado como meio, como instrumento de recurso, vale dizer, para modificar ou anular uma sentença, por exemplo, nos casos em que caberia recurso, se se admitir a substituição do recurso por mandado de segurança, – e em algumas excepcionais situações se admite –, penso que só poderia ser – mandado de segurança contra ato judicial – julgado pela Turma Recursal. Não tenho dúvida". (Zavascki, 2002, p. 170).

Desta maneira, não há possibilidade de o mandado de segurança ser aforado no Juizado Federal contra ato de autoridade federal (autoridade administrativa) sujeita à jurisdição dos juízes federais de 1º Grau, a teor do art. 109, VIII, da CF, pois toda "interpretação jurídica dá-se necessariamen-

---

[33] Neste sentido, Tourinho Neto e Figueira Júnior (2002, p. 378). Em sentido contrário: Bochenek (2004, p. 290).
[34] Art. 98 da CF:"A União, no Distrito Federal e nos Territórios, e os Estados criarão: I – juizados especiais, providos por juízes togados, ou togados e leigos, competentes para a conciliação, o julgamento e a execução de causas cíveis de menor complexidade e infrações de menor potencial ofensivo, mediante os procedimentos oral e sumaríssimo, permitidos, nas hipóteses previstas em lei, a transação e *o julgamento de recursos por turmas de juízes de primeiro grau*; [...]". (Grifos nossos).

te num contexto, isto é, em função da estrutura global do ordenamento (Natureza integrada do ato interpretativo)". (REALE, 1978, p. 81).

Portanto, havendo ilegalidade ou abuso de poder praticado por magistrado federal, na titularidade de Juizado Federal autônomo ou adjunto, a competência é da Turma Recursal a qual está vinculado jurisdicionalmente para rever suas decisões, aplicando-se ao sistema federal o seguinte entendimento: "Cabe exclusivamente às Turmas Recursais conhecer e julgar o mandado de segurança e o *habeas corpus* impetrados em face de atos judiciais oriundos dos Juizados Especiais". (Enunciado n° 62).

Com estas considerações, preserva-se a supremacia da Constituição, o sistema dos Juizados da ingerência dos Tribunais nos seus processos e decisões, bem como a exclusão dos típicos mandados de segurança.

Neste sentido:

"Mandado de segurança. Ato do Juiz do Juizado Especial Federal. Competência.

Compete à Turma Recursal processar e julgar mandado de segurança contra decisão de Juiz do Juizado Especial Federal, quando o *mandamus* tiver a finalidade precípua de substituir recurso não previsto em lei, art. 98, I da CF c/c art. 5°, II da Lei n° 1.533/51." (Questão de Ordem no Mandado de Segurança n° 2003.04.01.002094-0/SC, Relator Desembargador Federal Álvaro Eduardo Junqueira, 6ª Turma do TRF-4ª Região, julgado em 3 de setembro de 2003).

Quando o ato for de magistrado da Turma Recursal, é competente a própria Turma para o mandado de segurança:

"Conflito de competência entre Turma Recursal do Juizado Especial e Tribunal de Alçada. Mandado de Segurança impetrado contra ato judicial da Presidente da Turma Recursal. Competência do STJ para dirimir o conflito. Competência da Turma Recursal para examinar o *mandamus* impetrado contra seu próprio ato judicial. Precedentes do Supremo Tribunal Federal.

O egrégio Supremo Tribunal Federal, firmou posicionamento no sentido da competência do STJ para o exame dos conflitos que envolvam as Turmas Recursais dos Juizados Especiais, nos termos do art. 105, I, *d*, da Constituição Federal.

Compete à Turma Recursal a apreciação dos mandados de segurança impetrados contra seus próprios atos e decisões. (MS 24.691/MG, relatado pelo e. Ministro Sepúlveda Pertence, DJ 24/06/2005).

Conflito conhecido para declarar a competência da 3ª Turma Recursal do Juizado Especial Cível e Criminal da Comarca de Uberlândia, ora suscitante." (STJ, CC 41190/MG, Relator Ministro César Asfor Rocha, Segunda Seção, julgado em 26/10/2005, DJ 02/03/2006, p. 135.)

A apelação deve ser recebida em ambos os efeitos, apesar de a Lei n° 9.099 prever apenas o devolutivo no art. 43. Isto porque os arts. 16 e 17 da Lei n° 10.259 exigem o trânsito em julgado da sentença, impedindo, por outro lado, a execução provisória do julgado (art. 587 do CPC).

"A execução provisória para pagar quantia certa é inviável em sede de juizado, considerando outros meios jurídicos para assegurar o direito da parte". Enunciado 35, 2° FONAJEF.

## 5. Artigo 6° – LEGITIMAÇÃO ATIVA E PASSIVA

Art. 6º – Podem ser partes no Juizado Especial Federal Cível:

I – como autores, as pessoas físicas e as microempresas e empresas de pequeno porte, assim definidas na Lei nº 9.317, de 5 de dezembro de 1996;

II – como rés, a União, autarquias, fundações e empresas públicas federais.

O inciso I do artigo 109 da Constituição Federal dispõe que compete aos juízes federais processar e julgar os feitos em que a União, autarquias e empresas públicas federais forem interessadas na condição de autoras, rés, assistentes ou oponentes, exceto as de falência, de acidentes do trabalho e as sujeitas à Justiça Eleitoral e do Trabalho.

A legitimidade ativa prevista na Lei n° 10.259 é diferente, porque não admite que a União, autarquias, fundações e empresas públicas federais participem da lide no pólo ativo. Seria inconstitucional tal dispositivo? Não, pois somente no

JEF é que não se admitiria tal situação, devendo os entes citados ajuizarem suas causas nas demais Varas Federais. O porquê é simples. Os Juizados foram criados para o cidadão descrente do sistema tradicional de Justiça, que concede privilégios ao Estado-réu.

Em caso de remessa de carta precatória para a Justiça Estadual, o STJ entendeu pela impossibilidade legal de cumprimento da missiva pelo Juizado Federal, em face de a União ser autora da demanda no juízo deprecante:

> "Conflito de competência. Carta precatória expedida pela Justiça Federal. Alegada incompetência absoluta do Juízo Estadual, em razão da instalação de Juizado Especial Federal na localidade. Execução de sentença ajuizada pela União. IMpossibilidade de trâmite no Juizado Especial Federal. Lei n° 10.259/2001. Valor atribuído à causa principal que extrapola o limite do Juizado Especial. Competência da Justiça Estadual.
>
> 1. O art. 1.213 do CPC autoriza o cumprimento pela Justiça Estadual, nas comarcas situadas no interior, das cartas precatórias expedidas pela Justiça Federal.
>
> 2. A Lei n° 10.259/2001 não permite que a União figure como autora no Juizado Especial Federal, bem como limita o valor da causa a sessenta salários mínimos.
>
> 3. No caso dos autos, trata-se de carta precatória expedida em sede de execução de título judicial ajuizada pela União, que figurava como requerida em ação declaratória cujo valor da causa ultrapassava sessenta salários mínimos. Por esses dois motivos, o Juizado Especial Federal de Jundiaí/SP não poderia dar cumprimento à carta precatória expedida pelo Juízo Federal de Campinas/SP, razão pela qual não há falar de incompetência do Juízo Estadual em face da instalação do referido Juizado.
>
> 4. O Juízo deprecado apenas pode recusar o cumprimento da carta precatória quando restar caracterizada alguma das hipóteses elencadas no art. 209 do CPC, o que não é o caso dos autos.
>
> 5. Conflito conhecido para declarar a competência do Juízo de Direito da 3ª Vara Cível da Comarca de Jundiaí/SP, o suscitado." (CC 48125/SP, Rel. Min. Denise Arruda, 1ª Seção, julgado em 26/04/2006, DJ 15/05/2006, p. 145).

Segundo o artigo 10 da Lei nº 9.099, não "se admitirá, no processo, qualquer forma de intervenção de terceiro nem de assistência. Admitir-se-á o litisconsórcio". Não se admite a reconvenção, nos moldes do art. 31 da Lei nº 9.099/95.

Inadmissíveis, portanto, a oposição (art. 56, CPC), a nomeação à autoria (art. 62), a denunciação à lide (art. 70) e o chamamento ao processo (art. 77).[35]

Embora possível o litisconsórcio ativo facultativo, o mesmo deve ser evitado. A reunião de diversos autores provoca dificuldades na obtenção de acordos e na liquidação de débitos, sem olvidar da real possibilidade de falecimento de algum, mormente nas causas previdenciárias, a exigir a suspensão do processo e a pertinente habilitação dos sucessores. Bem por isto, pode e deve o juiz limitá-lo, na forma do parágrafo único do art. 46 do CPC,[36] a fim de dar cumprimento ao princípio da celeridade.

As empresas de médio e grande porte não têm acesso ao Juizado. O art. 2º da Lei nº 9.317/96 define as microempresas como aquelas que tenham auferido receita bruta anual igual ou inferior a R$ 240.000,00, e empresas de pequeno porte aquelas que tenham auferido receita bruta superior a R$ 240.000,00 e inferior a R$ 2.400.000,00 (limites dados pela Lei nº 11.196/05).

O § 2º do artigo 2º da Lei nº 9.317/96 define receita bruta como sendo o produto da venda de bens e serviços, não incluídas as vendas canceladas e os descontos incondicionais concedidos.

A situação legal de microempresas e empresas de pequeno porte deve ser provada com a inicial, de modo a evitar discussões a respeito da legitimidade ativa:

"A microempresa, para propor ação no âmbito dos Juizados Especiais, deverá instruir o pedido com documento de sua condição." (Enunciado 47).

"No ajuizamento de ações no JEF, a microempresa e a empresa de pequeno porte deverão comprovar essa condi-

---

[35] Enunciado 14, 2º FONAJEF: "Nos Juizados Especiais Federais, não é cabível a intervenção de terceiros ou a assistência".
[36] Enunciado 19, 2º FONAJEF: "Aplica-se o parágrafo único do art. 46 do CPC em sede de Juizados Especiais Federais".

ção mediante documentação hábil". (Enunciado 11, 2º FONAFEF).

O incapaz e o preso podem ser autores?

Veda o art. 8º da Lei nº 9.099 que eles sejam partes no Juizado Estadual, conflitando diretamente com o inc. I do art. 6º da Lei nº 10.259, que prevê a legitimidade de qualquer pessoa física para ser autor no Juizado Federal.

Desta maneira, inadmite-se qualquer condicionamento, sendo a capacidade processual uma decorrência da natureza humana. Se incapaz, deverá estar representado ou assistido na forma da lei civil (art. 8º do CPC). O preso em regime fechado ou semi-aberto poderá designar um representante (art. 10 da Lei nº 10.259), não sendo óbice a sua ausência física nos atos processuais.

"O incapaz pode ser parte autora nos Juizados Especiais Federais, dando-se-lhe curador especial, se ele não tiver representante constituído". Enunciado 10, 2º FONAJEF.

Diga-se de passagem que a ausência da parte, desde que representada por advogado ou outro seu representante, não traz qualquer prejuízo ao processo, mormente porque tais pessoas estão autorizadas a conciliar, transigir ou desistir, conforme faculta o parágrafo único do art. 10 da Lei nº 10.259.

Pensar diferente importaria na exclusão do incapaz de postular benefícios previdenciários, tais como o de pensão por morte, na hipótese de falecimento dos pais. Da mesma forma, seria cassar o direito de acesso à jurisdição plena do presidiário, sem embasamento constitucional.

A legitimidade passiva também é condicionada, uma vez que a Constituição criou os Juizados para causas de menor complexidade econômica, material, procedimental e pessoal.

Concordamos, destarte, com Bochenek (2004, p. 304) quando diz que a "interpretação do critério menor complexidade não pode ser subjetiva, mas sim objetiva, pautada nos critérios dispostos na legislação", ou seja, na Lei 10.259/01 e, subsidiariamente, na Lei nº 9.099/95.

É relevante observar que a execução mandamental traçada nos artigos 16 e 17 da Lei nº 10.259/01 só tem sentido em relação a entes públicos (ainda que de personalidade privada, como as empresas públicas federais), cuja solvência é indiscutível. Destarte, uma vez ganha a causa, a fruição do resultado é certa.

Desta forma, apenas os entes expressamente arrolados como réus podem estar no pólo passivo da demanda nos JEFs, não obstante o Enunciado n° 21, 2° FONAJEF:

> "As pessoas físicas, jurídicas, de direito privado ou de direito público estadual ou municipal, podem figurar no pólo passivo, no caso de litisconsórcio necessário".

O entendimento supra ofende não só o art. 6° da Lei n° 10.259/01, como também o art. 8° da Lei n° 9.099/95, além de trazer para o Juizado Federal a possibilidade de execuções frustradas, ante a insolvência da pessoa física ou jurídica de direito privado não-estatal.

Pode ser admitido pedido contraposto?

Apesar de vedar a reconvenção, estabelece a Lei n° 9.099 que é possível ao réu fazer pedido contraposto, nos moldes do art. 31.

Leciona Carreira Alvim que pedido "*contraposto* ou *contrapedido* no Código de Processo Civil, é o pedido que o réu faz em seu favor, na contestação", havendo o "exercício do direito de ação" (em *Juizados Especiais Federais*, p. 164).

Como aos réus não é dado direito de ação no âmbito dos JEFs, não podem eles realizar pedidos contrapostos ao autor, uma vez que tal permissão concretizaria, por via transversa, o exercício do direito de ação que lhes foi negado explicitamente pela Lei n° 10.259.

"No Juizado Especial Federal, não é cabível o pedido contraposto formulado pela União Federal, autarquia, fundação ou empresa pública federal". Enunciado 12, 2° FONAJEF.

## 6. Artigo 7° – CITAÇÃO E INTIMAÇÃO DA PARTE RÉ

Art. 7º – As citações e intimações da União serão feitas na forma prevista nos arts. 35 a 38 da Lei Complementar nº 73, de 10 de fevereiro de 1993.

As *citações* da União serão feitas na pessoa do Procurador-Chefe ou do Procurador-Seccional da União ou da Fazenda Nacional, nos juízos de 1° Grau; as *intimações* e notificações, na pessoa do Advogado da União ou do Procurador da Fazenda Nacional que oficie nos autos. Explicamos. Sempre, "nas causas de natureza fiscal", a defesa da União compete à Fazenda Nacional – artigo 12 da LC 73/93.

> **Parágrafo único. A citação das autarquias, fundações e empresas públicas será feita na pessoa do representante máximo da entidade, no local onde proposta a causa, quando ali instalado seu escritório ou representação; se não, na sede da entidade.**

A primeira dificuldade da norma é encontrar, no largo espectro administrativo brasileiro, quem é, ao tempo da demanda, a autoridade máxima da entidade-ré, como, por exemplo, numa fundação que não possui escritório ou representação no local onde proposta a causa. E a Caixa Econômica Federal, que possui, pelo menos nas cidades de porte médio, diversas agências, quem seria a autoridade máxima? O gerente da agência que entabulou o contrato? O Superintendente?

Existe, ainda, uma aparente colisão entre o parágrafo único do art. 7º com o disposto no art. 17 da LC 73/93, que prevê:

"Aos órgãos jurídicos das autarquias e das fundações públicas compete:

I – a sua representação judicial e extrajudicial; (...)."

Melhor seria a aplicação da LC 73/93, dando-se a citação no Procurador-Chefe do órgão e as intimações na pessoa do respectivo Procurador que oficiasse nos autos.

Busca-se no JEF que as autoridades deleguem poderes para que os procuradores (do INSS, p. ex.) possam receber citação, agilizando a tramitação dos processos, tanto administrativamente, pois a autoridade citada adota, obrigatoriamente, rotinas e procedimentos para encaminhar o processo ao Procurador do órgão, quanto judicialmente, já que a citação se daria na Secretaria do Juizado.

Neste sentido, pela Portaria 98, de 09/07/02, o ilustre Gerente Executivo do INSS de Blumenau, José Carlos da Veiga, delegou competência ao Procurador-Chefe, seu substituto e ao procurador oficiante do JEF.

## 7. Artigo 8º – INTIMAÇÃO DAS PARTES

**Art. 8º – As partes serão intimadas da sentença, quando não proferida esta na audiência em que estiver presente seu representante, por ARMP (aviso de recebimento em mão própria).**

A primeira constatação é a de que nos JEFs poderão ser prolatadas sentenças "de gabinete". Outra, de que as partes poderão estar representadas na audiência, na forma do art. 10 da Lei nº 10.259, por seus advogados, procuradores, ou qualquer outra pessoa (gerentes, prepostos, presidentes de fundação, parentes, amigos, etc).

De qualquer forma, a regra parece útil mesmo só para a parte-autora (pessoa física, microempresa e empresa de pequeno porte), pois a União, autarquias, fundações e empresas públicas têm corpo jurídico para atuar em sua defesa nas audiências – LC 73/93.

Em todos os processos, salvo naqueles onde há perícia, a parte-ré deve ser instada a pronunciar-se na contestação sobre a possibilidade de acordo. Não havendo esta possibilidade, o que ocorre rotineiramente nos processos onde a matéria a ser julgada é de pura exegese do direito (interpretação ainda controvertida nos Tribunais), não há necessidade de audiências, pois tal mister sobrecarregaria inutilmente a pauta.

Assim, uma vez sentenciado o feito, cabe a intimação por ARMP, ou, melhor, na Secretaria do Juizado, com economia de meios materiais. É bom explicar que nestes casos as petições, contestações e sentenças são padronizadas,[37] não acarretando qualquer dificuldade para o recurso das partes.

O ARMP deve ser encaminhado ao representante. No caso da parte-ré, ao Procurador que oficia no processo, por óbvio, o mesmo que a representaria na audiência – arts. 17 e 38 da LC 73/93.

Quanto ao autor, o ARMP deve ser enviado ao seu advogado, pois é a figura que o representará na audiência. Se postular sozinho, o aviso deve ser enviado ao endereço declinado na inicial.

---

[37] Tanto é verdade que o Enunciado nº 2, 2º FONAJEF, lembra: "Nos casos de julgamentos de procedência de matérias repetitivas, é recomendável a utilização de contestações depositadas na Secretaria, a fim de possibilitar a imediata prolação de sentença de mérito".

**§ 1º – As demais intimações das partes serão feitas na pessoa dos advogados ou dos Procuradores que oficiem nos respectivos autos, pessoalmente ou por via postal.**

Reforça o contido nos artigos 17 e 38 da LC 73/93, além de atribuir ao advogado a responsabilidade de estar permanentemente em contato com seu cliente, pois a intimação pode referir-se à necessidade de depoimento pessoal na audiência.

Vale transcrever o Enunciado nº 41:

"A intimação ao advogado é válida na pessoa de qualquer integrante do escritório, desde que identificado".

A intimação pessoal só acontece quando a lei exige tal formalidade. É o caso, p. ex., da União (art. 7º da Lei nº 10.259). Não obstante:

"Nos Juizados Especiais Federais o Procurador Federal não tem a prerrogativa de intimação pessoal". Enunciado nº 7, 2º FONAJEF.

Quando for pelo Correio, a carta postal é simples, sem necessidade de "aviso de recebimento".

De todo o modo, devemos dar preferência à intimação que cumpra seu papel de forma simples e informal, sendo os advogados intimados pelo boletim eletrônico a comparecerem na Secretaria, facilitando o trabalho dos causídicos com maior volume de processos. Com o INSS e a União podem ser agendados dias certos para as intimações das sentenças, bem como para as audiências, agilizando o cotidiano de todos, além de trazer para o Juizado um clima de camaradagem e cortesia, elementos importantes para um sistema de justiça consensual.

**§ 2º – Os tribunais poderão organizar serviço de intimação das partes e de recepção de petições por meio eletrônico.**

Reafirma o espírito desburocratizante do Juizado, atendendo aos critérios da simplicidade, informalidade, economia e celeridade – art. 2º da Lei nº 9.099. Observem o Enunciado nº 33:

"É dispensável a expedição de carta precatória nos Juizados Especiais Cíveis, cumprindo-se os atos nas demais comarcas mediante via postal, por ofício do Juiz, fax, telefone ou qualquer outro meio idôneo de comunicação".

No JEF de Blumenau, está funcionando o boletim *on line*, bem como são recebidas petições por *e-mail* mediante convênio entre os advogados/Procuradores interessados e o JEF Cível.[38] O serviço é bastante útil, em especial para as pessoas residentes em outras cidades.

Convém incorporar ao processo todas as inovações tecnológicas, dando azo ao nascimento de uma nova cultura processual, isto é, aquela que confia na segurança dos meios eletrônicos.

Neste aspecto, a Resolução nº 30 do TRF – 2ª Região é bastante avançada:

"Art. 48. Os atos processuais poderão ser comunicados por qualquer meio, inclusive o eletrônico.

Parágrafo único. O uso do meio eletrônico dispensa a apresentação dos documentos originais.

Art. 49. O envio de petições, de recursos e demais peças processuais por meio eletrônico será admitido àqueles que se credenciarem junto ao órgão competente do Poder Judiciário.

Art. 50. A publicação de atos e de comunicações processuais será efetuada por meio eletrônico, considerada como data da publicação a da disponibilização dos dados no sistema eletrônico para consulta externa.

Art. 51. Nos casos em que a lei processual exigir a intimação pessoal, as partes e seus procuradores, desde que previamente cadastrados, de acordo com o art. 49, poderão ser intimados por meio eletrônico, com aviso de recebimento também eletrônico".

A utilização da via eletrônica para todos os atos de comunicação é apenas uma questão de tempo, de pouco tempo. Os profissionais poderão indicar mais de um endereço eletrônico, como, p. ex., o de suas residências. Desta forma, poderão ter ciência do andamento do processo no conforto caseiro.

---

[38] "Não deve ser exigido o protocolo físico da petição encaminhada via internet ou correio eletrônico ao Juizado Virtual, não se aplicando as disposições da Lei nº 9.800/99". Enunciado nº 27, 2º FONAJEF.

Por outro lado, o advogado pode dispensar a contratação de empresa para acompanhar as publicações do Diário Oficial.

Salutar que "a intimação do advogado dispensa a da parte" (art. 26 da Res. 30 – TRF 2ª Região), impondo ao causídico, e não à secretaria do JEF, a localização e comunicação do ato ao patrocinado.

Todas as intimações devem ser centradas nas figuras dos advogados e dos Procuradores públicos, pois são eles os responsáveis pela defesa dos interesses dos seus "clientes".

Na seara eletrônica, os Tribunais Regionais Federais[39] estão bastante avançados, como se pode observar pelos seguintes Enunciados do 2º FONAJEF:

"A auto-intimação eletrônica atende aos requisitos da Lei nº 10.259/2001 e é preferencial à intimação por e. mail". Enunciado nº 3.

"Na propositura de ações repetitivas ou de massa, sem advogado, não havendo viabilidade material de opção pela auto-intimação eletrônica, a parte firmará compromisso de comparecimento, em prazo pré-determinado em formulário próprio, para ciência dos atos processuais praticados". Enunciado nº 4.

"No ato do cadastramento eletrônico, as partes se comprometem, mediante adesão, a cumprir as normas referentes ao acesso". Enunciado nº 25.

"Nos Juizados Virtuais, considera-se efetivada a comunicação eletrônica do ato processual, inclusive citação, pelo decurso do prazo fixado, ainda que o acesso não seja realizado pela parte interessada". Enunciado nº 26.

## 8. Artigo 9º – PRAZOS

**Art. 9º – Não haverá prazo diferenciado para a prática de qualquer ato processual pelas pessoas jurídicas de direito público, inclusive a interposição de recursos, devendo a citação para audiência de conciliação ser efetuada com antecedência mínima de trinta dias.**

---

[39] O Sistema de Processo eletrônico e-proc, do Tribunal Regional Federal da 4ª Região, recebeu o primeiro lugar do Prêmio Excelência em Informática Pública Aplicada aos Serviços Públicos, do ano de 2005 (fonte: www.conip.com.br).

Os atos processuais que podem ser praticados pelas partes no processo são os mais diversos. No entanto, para o que nos interessa e é fonte de muita polêmica, ficaremos na resposta do réu em forma de contestação.

Se o artigo dispõe que *não* haverá prazo diferenciado para a prática *de qualquer ato processual* pelas pessoas jurídicas de direito público, *inclusive recurso*, é porque a Lei quis acabar, e acabou, com a possibilidade de existirem no JEF os privilégios do art. 188 do CPC, que consistem no prazo em quádruplo para contestação e em dobro para recurso.

Como qualquer particular, as entidades públicas terão prazo de 15 dias para se defenderem (art. 297 do CPC), sendo de todo aplicável o art. 191 do Código, o qual prescreve:

"Quando os litisconsortes tiverem diferentes procuradores, ser-lhes-ão contados em dobro os prazos para contestar, recorrer e, de modo geral, para falar nos autos".

É o caso, por exemplo, de um possível litisconsórcio passivo entre a União e o INSS.

A dúvida surge na última parte do artigo 9°, quando reza que deverá "*a citação* para *audiência de conciliação* ser efetuada com antecedência mínima de trinta dias".

Precisamos registrar que nem todos os processos exigem audiência e, por isto, seria inviável deferir indistintamente o prazo de 30 dias para defesa (contestação), até porque isso estaria contrariando a primeira parte do dispositivo e o próprio espírito da Lei (celeridade).

Revivendo as experiências, não podemos tornar o Juizado uma cria do procedimento sumário (antes chamado de sumaríssimo), pois, a depender de uma data para a audiência, acabou-se com a finalidade daquele procedimento, que era o de findar a causa em 90 dias (art. 281 do CPC).

Qual é, pois, a solução? O melhor entendimento é o de dicotomizar o ato de citação do ato da audiência de conciliação.

A citação se faz mister, porque "é o ato pelo qual se chama a juízo o réu ou interessado, a fim de se defender" (art. 213 do CPC), sendo indispensável à validade do processo (art. 214), conferindo-se o prazo de 15 dias para sua resposta.

A conciliação não é ato de defesa, mas, sim, uma possibilidade de solução do litígio, com extinção do processo, antes de realizar-se a instrução do feito (arts. 278, 331 e 448 do CPC). Notem que o sistema da Lei nº 9.099 é diferente do CPC, colocando a conciliação como etapa precedente à citação:

"Art. 16. Registrado o pedido, independentemente de distribuição e autuação, a Secretaria do Juizado designará a *sessão de conciliação*, a realizar-se no prazo de quinze dias.

Art. 17. Comparecendo inicialmente *ambas as partes*, instaurar-se-á, desde logo, a sessão de conciliação, *dispensados* o registro prévio de pedido e *a citação*".

Como observamos, o réu ainda não foi citado para exercer sua defesa. Acaso infrutífera a sessão, e se presente a parte-ré, será ela citada ao término. Se ausente, *será citada*, por uma das formas admitidas pelo art. 18 da Lei nº 9.099, para a *audiência de instrução e julgamento*.

Surge, aqui, outra característica da Lei nº 9.099, uma vez que distingue sessão de conciliação de audiência de instrução e julgamento. Evidentemente, ambas podem ser realizadas em um único encontro, o que não é comum nos Juizados Estaduais.

O sistema da Lei nº 10.259/01[40] apresenta suas características, englobando acertadamente o sistema do CPC e o sistema da Lei nº 9.099/95. Destarte, de imediato, procede-se à citação do réu, que terá 15 dias para defesa, designando, se for necessário e observado o prazo mínimo de 30 dias, a *audiência de conciliação, instrução e julgamento*.

Por isto, "a entidade pública ré deverá fornecer ao Juizado a documentação de que disponha para o esclarecimento da causa, apresentando-a até a instalação da audiência de conciliação" – art. 11 da Lei nº 10.259.

O legislador, ao criar um encargo processual para a parte requerida, verdadeira inversão do ônus da prova, cuidou de lhe dar o tempo necessário para a obtenção dos documentos exigidos pela Justiça. Exemplo claro são os processos administrativos de concessão de benefício previdenciário, muitas vezes indispensáveis ao exame da causa, e guardados em

---

[40] Não aceitamos denominar os Juizados de "microssistema", como fazem alguns doutrinadores, chamando o Código de Processo Civil e o Código de Processo Penal de "macrossistemas" e, com isto, impondo uma relação de subserviência das Leis dos Juizados aos códigos processuais.

cidades diferentes da sede do JEF (em geral no posto onde foi concedido o benefício).

Observem que as propostas de acordo podem ser escritas (na desnecessidade de audiência) ou verbais (na audiência).

Não vemos o porquê de colocarmos toda a responsabilidade pela rápida solução do processo na audiência, como se fosse ela a panacéia da Justiça, ou a única forma de se chegar a um acordo.

A celeridade das audiências exige disponibilidade de tempo, de meios físicos (mais Juizados Especiais, salas de audiências, computadores, equipamento para gravação, etc.) e humanos (mais juízes, conciliadores e funcionários), necessidades muitas vezes incompatíveis com as realidades orçamentárias dos Tribunais e a demanda que aporta diariamente nos Fóruns.

Devemos considerar que o juiz não é uma máquina ou um computador. Precisa estudar o Direito, o processo e as causas que lhe são submetidas para realizar a Justiça. Precisa também atender com atenção as partes e seus advogados. Para tanto, necessita de tempo, sendo indispensável equilibrar a pauta com os demais afazeres do Juizado.

Outrossim, realizando uma rigorosa seleção dos processos, com a designação de audiência somente para os casos necessários, p. ex. produção de prova oral ou efetiva possibilidade de acordo, preservamos a celeridade do JEF e o prazo de 30 dias previstos para o réu.

No JEF de Blumenau, são propostos acordos escritos pelo INSS, em especial, nas questões de mera interpretação do Direito (nas hipóteses de reajuste de benefício) ou logo após a sua intimação a respeito da perícia médica, quando, obviamente, está atestada a incapacidade laboral da parte-autora. Havendo concordância com a proposta, de imediato é lavrada a sentença homologatória, sem necessidade de perder tempo com a audiência.

Celeridade se consegue minimizando a prática de atos processuais.

E o prazo da defensoria pública?

Conforme o § 5º do art. 5º da Lei nº 1.060/50, contam-se em dobro todos os prazos para o Defensor Público. Entretanto, a lei posterior modifica a anterior. Assim, o art. 9º revogou o dispositivo citado, por manifesta incompatibilidade (art. 2º da LICC).

Neste sentido:

"A defensoria pública não goza de prazos privilegiados nos processos de competência dos Juizados Especiais". (TR/SC, p. 2002.72.00.050113-2, sessão de 20/08/2002).

## 9. Artigo 10 – REPRESENTAÇÃO PROCESSUAL

**Art. 10. As partes poderão designar, por escrito, representantes para a causa, advogado ou não.**

Evolução significativa do art. 9º da Lei nº 9.099/95, que exige advogado para causas superiores a 20 salários mínimos a título de assistência, o art. 10 simplesmente aboliu a exigência no JEF. Para realmente entender a disposição, devemos observar que ela facilita o acesso à Justiça. É que para aquelas pessoas mais simples, desinformadas, rústicas, e, por corolário, pobres, o valor das suas causas é tão irrisório, salvo para elas mesmas, que não compensam financeiramente o custo do processo para os advogados, os quais devem receber de forma digna pelo seu trabalho. Exemplo prático é a ação de restabelecimento de auxílio-doença, quando o aforamento é imediato ao cancelamento do benefício pelo INSS.

Estas pessoas deveriam ser atendidas pelo Estado, como determina o art. 1º da Lei nº 1.060/50. Ocorre que não há, na maior parte do Brasil, este tipo de serviço. Então, se não há disposição dos advogados para atendimento destas causas e se não há a assistência judiciária prestada pelos "poderes públicos federal e estadual" aos necessitados, é evidente que o Estado deverá permitir o exercício do seu direito de ação por si sós.

Quando falamos em acesso à Justiça, referimo-nos à inexistência de custas, taxas ou despesas (art. 54 da Lei nº 9.099),[41] à desnecessidade de contratação de advogado (art.

---

[41] "A qualquer momento poderá ser feito o exame de pedido de gratuidade com os critérios da Lei nº 1.060/50". E. nº 38, 2º FONAJEF.
"Não sendo caso de justiça gratuita, o recolhimento das custas para recorrer deverá ser feito de forma integral nos termos da Resolução do Conselho da Justiça Federal, no prazo da Lei nº 9.099/95". E. nº 39, 2º FONAJEF.

10 da Lei nº 10.259)[42] e à prestação de serviço de atendimento aos interessados na sede do Juizado. Ou seja, falamos de Justiça gratuita de fato e de direito, portanto, acessível.

E os recursos? Devem ser feitos por advogado, como exige o § 2º do art. 41 da Lei nº 9.099?

Como não é necessária a presença de advogado no 1º grau de jurisdição, da mesma forma, não deve ser exigido para o recurso, pois o exercício do direito de ação incondicionado estende-se ao 2º Grau.

Uma vez colhido o inconformismo da parte, devolver-se-ia para a Turma toda a matéria, e as contra-razões entender-se-iam apresentadas por remissão à inicial ou simplesmente dispensadas pela Turma.[43]

Os representantes devem ser parentes ou pessoas conhecidas do autor(a), de sua confiança, que possam representá-lo na impossibilidade de comparecer à audiência, por motivo de saúde, p. exemplo. Não se admite que pessoas estranhas a esta relação de confiança exerçam a representação, como os rábulas. Esta atividade, que deve ser formalizada por escrito, importa na outorga de poderes para a conciliação, sem necessidade de, por exemplo, reconhecimento de firma do outorgante. Aplicação subsidiária da Súmula 64 do TRF-4ª Região:

"É dispensável o reconhecimento de firma nas procurações *ad judicia*, mesmo para o exercício em juízo dos poderes especiais previstos no art. 38 do CPC".

Apesar do avanço da legislação, observamos que na prática o aforamento desacompanhado de advogado tem sido pouco expressivo, irrisório até. Dos 6.043 processos recebidos no Juizado de Blumenau no período de 18 de fevereiro a 18 de julho de 2002, apenas 300 (trezentos) foram ajuizados diretamente pela parte.

---

[42] Na fase recursal: "Havendo sucumbência recíproca, independentemente da proporção, não haverá condenação em honorários advocatícios". E. nº 40, 2º FONAJEF.
[43] "Excepcionalmente, na ausência de Defensoria Pública, pode ser nomeado advogado dativo ou voluntário, ou ser facultado à parte o preenchimento de termo de recurso, por analogia ao disposto no Código de Processo Penal". E. nº 37, 2º FONAJEF.

## 9.1. Parágrafo único – CONCILIAÇÃO

**Parágrafo único. Os representantes judiciais da União, autarquias, fundações e empresas públicas federais, bem como os indicados na forma do *caput*, ficam autorizados a conciliar, transigir ou desistir, nos processos da competência dos Juizados Especiais Federais.**

É a mais importante alteração legislativa no campo do Direito Administrativo e Processual dos últimos tempos, pois rompe com o sistema vigente, abrindo uma nova perspectiva para solução de controvérsias no direito público e que, logo, deverá ser seguida por Estados e Municípios.

Não é necessária a regulamentação do artigo, pois confere, de forma clara, poderes especiais ao Procurador/advogado do ente réu, bem como ao representante indicado pela parte-autora.

Agora os Procuradores poderão trabalhar de acordo com a sua consciência, com as suas convicções a respeito do processo e da finalidade da Justiça. Não são mais obrigados a elaborar peças de defesa vazias e despidas de qualquer espírito crítico, lavradas pelo simples dever de defender o ente público em qualquer hipótese.

O Estado brasileiro deverá aproveitar a oportunidade de fazer uma grande economia, pois no acordo não há incidência de honorários advocatícios (de regra, 10% do valor da condenação), como também poderá reduzir significativamente o pagamento de parcelas atrasadas.

Veja-se que, diante das provas favoráveis à parte-autora, nada impede que o acordo seja proposto após a prova oral e, até mesmo, depois da sentença condenatória.

Aliás, neste caso, tem o Procurador Público um título executivo contra o Órgão representado, podendo e devendo justificar a opção pelo acordo como forma de economia dos recursos públicos.

Outrossim, com o término acelerado do processo, poderão as Procuradorias dedicar o seu pessoal na defesa mais profícua daquelas causas em que a Administração entenda pela correção de seu procedimento e tenha elementos concretos a seu favor.

Indiscutivelmente, deverá ser feito acordo nas hipóteses de erro administrativo, de excessivo rigor na conclusão de um processo administrativo, ou de mudança na interpretação da norma por força judicial (ações civis públicas ou de inconstitucionalidade), ou ainda quando a matéria de direito estiver pacificada no âmbito do STJ ou do STF.

A Advocacia-Geral da União está preparando súmulas administrativas que orientarão os procuradores, uniformizando as hipóteses onde poderão os órgãos públicos transigir, como determina a LC 73/93:

"Art. 43. A Súmula da Advocacia-Geral da União tem caráter obrigatório quanto a todos os órgãos jurídicos enumerados nos arts. 2° e 17 desta Lei Complementar.

§ 1°. O enunciado da Súmula editado pelo Advogado-Geral da União há de ser publicado no Diário Oficial da União, por 3 (três) dias consecutivos.

§ 2°. No início de cada ano, os enunciados existentes devem ser consolidados e publicados no Diário Oficial da União".

As procuradorias das autarquias e fundações são órgãos vinculados à Advocacia Geral da União, conforme art. 2°, § 3°, o que as torna sujeitas às súmulas.

O Decreto n° 4.250, de 27 de maio de 2002, regulamenta a representação judicial da União, autarquias, fundações e empresas públicas federais perante os Juizados, dispondo a respeito da competência do Advogado-Geral da União para expedir instruções e diretrizes básicas para conciliação, transação e desistência do pedido e do recurso, se interposto.

Lastreado na competência outorgada pelo Decreto n° 4.250, o Advogado-Geral da União expediu a Portaria 505, de 19/06/2002 (DOU 24/06/2002), norteando as hipóteses de transação, não-interposição ou desistência de recurso no âmbito dos Juizados:

"Art. 3° – A transação ou a não interposição ou desistência de recurso poderá ocorrer quando:

I – inexistir qualquer controvérsia quanto ao direito aplicado;

II – houver reconhecimento de erro administrativo por autoridade competente;

§ 1º – Os valores envolvidos nas conciliações ou transações, não poderão exceder ao teto previsto no art. 3º da Lei nº 10.259/2001.

§ 2º – Inclui-se no referido teto a soma de 12 (doze) parcelas vincendas, quando for o caso".

Importante é a limitação imposta no § 1º, pelo qual são proibidos os acordos superiores a 60 salários mínimos.

Entendemos que a vedação é ilegal, pois viola o § 3º do art. 3º da Lei nº 9.099:

"§ 3º – A opção pelo procedimento previsto nesta Lei importará em renúncia ao crédito excedente ao limite estabelecido neste artigo, *excetuada a hipótese de conciliação*". (O grifo é nosso).

O grande objetivo dos Juizados é a solução das lides de forma célere e, se possível, mediante conciliação. Por isto mesmo, não é legítima qualquer imposição contrária a tal desiderato, mormente porque o acordo beneficia as duas partes.

E a arbitragem? Tem lugar no JEF? Pensamos que sim, uma vez que inexiste proibição implícita na Lei nº 10.259, sendo subsidiariamente aplicável a Lei nº 9.099, a qual prevê em seus arts. 24, 25 e 26 o instituto. Se o Procurador do ente público pode o mais, que é a transação, poderá evidentemente valer-se do juízo arbitral. É bom anotar que o árbitro deverá ser escolhido dentre os juízes leigos, o que importa em aceitá-los também, e pela mesma razão porque aceitaríamos o juízo arbitral – falta de proibição na Lei nº 10.259 e expressa previsão constitucional:

"Art. 98. A União, no Distrito Federal e nos Territórios, e os Estados criarão:

I – juizados especiais, providos por juízes togados, ou togados *e leigos*, competentes para a conciliação, *o julgamento* e a execução de causas cíveis de menor complexidade (...);". (Grifos nossos).

Assim, por força da matriz constitucional, são permitidos os juízes leigos nos Juizados Federais, podendo conciliar, julgar e executar as causas submetidas a eles.

Importante frisar que o laudo arbitral será apresentado ao juiz togado para homologação por sentença (art. 26 da Lei nº 9.099), o que garante aos litigantes a participação do magistrado na conclusão do feito, sendo certo o controle judicial sobre a questão. Isto é, acaso verifique alguma ilicitude ou irregularidade, não será o laudo homologado, podendo o juiz realizar nova instrução e proferir sentença – art. 40 da Lei nº 9.099.

Havendo controle, faltam motivos para que o juízo arbitral não disponha sobre bens ou interesses públicos.

Outra questão que merece destaque é a atuação do magistrado na conciliação. Deverá abster-se de tomar partido em prol desta ou daquela parte, "tutelando-a" de forma até irresponsável, pois, com certeza, desconhece a realidade por ela vivida e os motivos que a levam a aceitar tal ou qual acordo.

Muito menos poderá impor sua vontade, impedindo a transação. Evidente que os casos patológicos e excepcionais deverão ser tratados com intervenções "clínicas", vedando a utilização do Juizado para fins escusos ou ilícitos.

Pretende-se dizer que o Juiz deve deixar as tratativas para os interessados. Deve deixar que a transação flua cordialmente. Deve pensar que a parte é a pessoa mais indicada para decidir pela conveniência ou não de determinado acordo, bem como que a transação importa em concessões mútuas. O ente público abre mão de continuar com o processo, e o autor renuncia de parte de seu crédito, sendo vantajoso para ambos.

As nossas convicções pessoais devem ceder ao interesse e à vontade da parte, a verdadeira juíza de seu destino.

Com este espírito no Juizado de Blumenau, chegamos à expressiva marca de 726 acordos, entre fevereiro e julho de 2002.[44]

Apregoa-se que a conciliação requer perfil dos envolvidos, em particular, do magistrado, por presidir os trabalhos no processo judicial. O juiz reúne, por dever de ofício, as qualidades exigidas para a mediação: neutralidade, imparcialidade, desinteresse pessoal na causa, conhecimento jurídico, conhecimento do caso *sub judice*, confidencialidade (sigilo) e confiança das partes.

---

[44] Segundo o Diagnóstico da Estrutura e Funcionamento dos Juizados Especiais Federais (2003, p. 88), na 4ª Região ocorreu o maior número de conciliações do Brasil, no âmbito federal, sendo que, "somente no Juizado Especial Federal de Blumenau-SC, ocorreram 4.163 acordos, até o início do mês de dezembro de 2002".

"A confiança é essencial para a eficiência da negociação. Naquela onde não existe confiança, os participantes são como lutadores, dando voltas em torno uns dos outros em busca de vantagens, nunca se atrevendo a dar as costas para não serem atacados quando não estiverem vigiando". (CLEGG, 2002, p. 40).

Desta forma, com maior ou menor perfil congênito para a negociação, qualquer juiz pode tornar-se hábil conciliador, desde que atue observando algumas prescrições básicas, superficialmente já referidas:

I. *Tempo*: À audiência deve ser reservado um tempo de 45 minutos a 1 hora de duração. Não é possível iniciar um diálogo sob o peso do relógio. Não é aconselhável ultrapassar certas fases da audiência em prol de uma pauta longa de processos. A fase de conciliação pode ser cansativa e psicologicamente estressante. As pessoas não devem se sentir envolvidas em um furacão ou mutirão de processos. Elas precisam se sentir valorizadas, pois o juiz está dedicando o seu tempo e a sua atenção a elas. Então, elas são importantes para a Justiça. Elas e o seu caso.

II – *Saudação*: Cumprimentar os presentes, ressaltando a importância de todos para o sucesso dos trabalhos, pois a presença é instrumento na busca de soluções e respostas aos problemas e entraves ao acordo. A criatividade nas alternativas e sugestões pertence a todos que estão na mesa.

III – *Apresentação*: apresentar mutuamente as partes, quebrando a inércia da audiência e fomentando os contatos pessoais entre os interessados. É fundamental que os presentes conheçam o juiz, os advogados e os demais (prepostos, técnicos, procuradores públicos, etc.) para ciência da função de cada um na mesa.

IV – *Explicação*: Dizer o "porquê" e o "para quê" da audiência de conciliação. Explicar que é uma alternativa para solução do processo, sendo o juiz um encaminhador de sugestões a serem criadas pelas próprias partes envolvidas, sempre objetivando ganhos mútuos, pois a grande vantagem da conciliação é a de que as partes solucionarão a lide, na melhor forma possível para elas mesmas, coisa dificilmente alcançável pela sentença do juiz. Ressaltar que é uma oportunidade para que elas resolvam o caso, ou seja, elas construirão a solução, sem correr os riscos e os custos do processo.

V – *Advertência*: Alertar que não está em jogo na conciliação saber quem tem mais ou menos razão ou direito, pois é a lógica econômica afastando a jurídica da mesa de negociação.[45] Por isto, o processo deve ser afastado da discussão, pois as partes podem querer utilizá-lo como argumento de persuasão. Isto não é conveniente, porque voltaremos ao ponto de partida, ou seja, ao litígio, cada qual com suas razões e direitos. É preciso ficar bem claro que o processo não é instrumento para a conciliação. O seu uso argumentativo deve ser afastado pelo juiz. Porém, em algumas hipóteses e com parcimônia, pode ser levantado pelo juiz para esclarecimentos e/ou orientações. Apenas deve o juiz ter cuidado para não tomar partido de qualquer dos lados, sob pena de perder o reconhecimento da sua imparcialidade. Deve, sempre que possível, ser objetivo, e não subjetivo.

VI – *Diálogo*: Estimular as partes para que falem das experiências (vivências) que as levaram a entrar com o processo na Justiça, lembrando que todos terão oportunidade de manifestação. Funciona como uma "terapia" para os envolvidos. É muito importante ouvir as pessoas e talvez seja a única oportunidade do juiz para conhecer os detalhes que não estão no processo.

> "De início eu pretendia que a seção 'Ouvindo' viesse após a próxima seção 'Falando' – mas isso seria inverter as prioridades. Uma boa comunicação (boa negociação) começa pela capacidade de ouvir. Enquanto os outros falam, tendemos a gastar o tempo preparando-nos para a nossa próxima fala, ouvindo pela metade, com a nossa mente consciente imaginando as coisas inteligentes que iremos dizer. O resultado é, ao mesmo tempo, uma má comunicação porque, normalmente, fica bem claro que não se está dando a total atenção e também uma má negociação porque, com grande facilidade, deixamos de perceber algum aspecto crucial. Se, ao ouvir, algo lhe ocorrer à mente, faça uma anotação rápida, mas não se prenda mentalmente ao que pensou. Se necessário, peça ao falante para repetir, pra que você não perca o fio da meada.

---

[45] Temos de considerar que, no âmbito federal, trabalha-se ordinariamente com direito patrimonial. Não são resolvidas no foro federal, por exemplo, questões de família.

Mas, ao ouvir, faça apenas isso. Ouça. Compreenda tudo o que estão dizendo e anote os pensamentos que lhe ocorrerem, mas acompanhe a trama". (CLEGG, 2002, p. 52-53).

É um momento muito especial para a parte, e só ela tem a real dimensão do valor. As pessoas, de modo geral, têm um só caso na Justiça. Por isto, aquele é o processo da sua vida; é o seu problema. Merece, pois, toda a atenção do conciliador.

VII – *Polícia*: A atividade policial é do juiz. Se qualquer das partes intervier neste sentido, aumentará a tensão na audiência. Por isso, o magistrado deverá estar sempre atento para não deixar que existam ataques pessoais, intervindo imediatamente para coibir tais iniciativas, retomando o diálogo profícuo na busca de soluções.

"A reação natural quando alguém se comporta com extrema irracionalidade é reproduzi-la. Se uma pessoa insulta sua família, você insulta a dela também. Quando eles ameaçam retirar-se da negociação, você age do mesmo modo. Mas o bom negociador tem o controle suficiente para ser capaz de lidar com uma reação exagerada e com a irracionalidade de forma calma, trazendo a negociação de volta a seu rumo. É preciso estar preparado para pedir desculpas e superar o orgulho, mesmo quando sabidamente não se fez nada de errado. Com freqüência, a reação exagerada terá sido provocada por um mal-entendido. Com calma e vagarosamente explique o que pretendia na verdade. Expresse verbalmente que compartilha de seu ponto de vista, mesmo que não o faça internamente. Enquanto os participantes não forem trazidos de volta à racionalidade, nenhum progresso poderá ser feito". (CLEGG, 2002, p. 34).

VIII – *Paciência*: Não ter pressa e, se for necessário, designar nova audiência para data próxima, porém com tempo suficiente para que as partes reflitam e/ou realizem determinadas tarefas necessárias à continuidade dos trabalhos (elaboração de cálculos, autorizações, documentos, etc). A criação e a melhoria das propostas, em especial pelos advogados públicos, requerem tempo, novas consultas aos superiores, autorizações, etc. É crucial, portanto, registrar os avanços da negociação na ata da audiência a fim de que não se perca o "fio da meada". Outrossim, com tal cuidado, outro magistrado poderá dar continuidade aos trabalhos, pois as bases já são conhecidas e estão registradas. Não obstante, tal registro deve ser autorizado pelos presentes.

IX – *Resultado*: Uma vez lançadas as propostas finais, após as negociações e conversações, é útil verificar, na inicial, qual o ganho pretendido com a causa. Pode ser a proposta de acordo melhor ou próxima daquela que é requerida, facilitando o entendimento. É útil, também, lançar considerações a respeito dos custos, do tempo e das mudanças que a vida pode impor ao demandante, lembrando que paz de espírito tem preço.

"[...] os bons negociadores precisam ainda de flexibilidade – a habilidade de explorar o terreno do possível, substituir metas hipotéticas elevadas por objetivos situados em patamares mais atingíveis". (CLEGG, 2002, p. 3).

Nas ações já sentenciadas[46] e/ou com trânsito em julgado, facilitar a conciliação fazendo uma simulação dos ganhos com a decisão judicial. Em alguns casos, poderá a proposta ser melhor que a própria sentença.

X – *Informalidade*: Usar termos simples, claros, objetivos e curtos. Evitar os "padrões" com todas aquelas fórmulas complexas e prolixas nas cláusulas do acordo.

XI – *Tranqüilidade*: Dar às partes tempo para analisar, discutir e aprimorar o termo de acordo antes da assinatura. Reabrir a sessão, se alguém quiser, mesmo depois de pronta e assinada a conciliação, para análise do ponto que ainda suscita dúvida, pois o comprometimento moral com as cláusulas do acordo é a base de seu cumprimento. Não pode haver pressão para a assinatura do documento.

---

[46] A qualquer tempo pode e deve ser tentada a conciliação. Exemplo prático foi dado pelo TRF da 4ª R., que criou o Projeto "Conciliação no Tribunal Federal", conforme Resolução nº 37, de 26 de setembro de 2003. Foram selecionados processos em grau de apelação, relativos ao Sistema Financeiro da Habitação, e aplicadas as técnicas aqui descritas com mutuários da Caixa Econômica Federal. Dos 93 processos submetidos à conciliação no Tribunal, em 62 casos foram realizados acordos (66,66%), sendo também solucionados reflexamente 10 processos em tramitação na 1ª Instância. Com o sucesso da experiência-piloto, o TRF-4ª Região baixou a resolução nº 10, de 1º de março de 2004, dando continuidade aos trabalhos do Projeto Conciliação (PROJECON). No ano de 2004, os juízes convocados pelo Tribunal realizaram 882 audiências nos três Estados do sul (capitais e interior), obtendo um percentual de acordos da ordem de 70,06%, sendo de se destacar que a maioria dos acordos (59,22%) foi obtida na primeira audiência. (Fonte: Assessoria de Apoio ao Projeto Conciliação – PROJECON, 12/01/2005, www.trf4.gov.br)

XII – Fecho: Ao finalizar a sessão, parabenizar as partes pelo entendimento, o qual solucionou a lide e trouxe de volta a tranqüilidade, o bem-estar e a segurança para os litigantes.

Como dito alhures, especialmente nas causas previdenciárias e de dano moral, é recomendável que se faça a instrução do processo antes da tentativa de acordo, com o registro da prova oral, no afã de demonstrar a possível vitória do demandante ao demandado. A forte perspectiva de derrota pode fomentar o acordo. Da mesma forma, a sentença condenatória é um excelente argumento de persuasão para a transação, uma vez que o advogado do réu terá, contra si, um título executivo, podendo justificar a opção pelo acordo ao seu superior hierárquico (órgãos públicos). Tivemos muito sucesso com os Procuradores do INSS, os quais se sentiam mais seguros para a conciliação nos casos julgados em audiência. A transação era oportunizada após a leitura da decisão, concedendo a palavra ao Procurador para oferecimento e discussão da proposta de acordo. Aceita a transação pela parte-autora, era de plano homologada e ficava localizada abaixo da sentença de mérito, perfazendo peça única.

Mediação requer trabalho. Muito trabalho, esforço e paciência. Porém, um acordo na 1ª Instância significa a inexistência de uma futura apelação, de um acórdão, de um provável pedido de uniformização ou recurso extraordinário.

Duas hipóteses preciosas nos traz o art. 22 da Resolução nº 30, do TRF-2ª Região:

"§ 5º – Em não tendo havido prévio pleito na via administrativa, a parte ré poderá solicitar ao Juiz a suspensão temporária do processo, por prazo por este fixado, não superior a 60 (sessenta) dias, visando a propiciar exame mais detido da questão e, se for o caso, tentativa de conciliação, devendo o pedido ser formulado antes da primeira audiência.

§ 6º – Em tendo havido prévio pleito na via administrativa, o prazo a que se refere o parágrafo anterior será reduzido à metade".

O JEF Cível de Blumenau, em sua Portaria nº 1 (de 09/04/02), estabeleceu procedimento semelhante, o qual consiste na remessa dos autos ao INSS, por ato de secretaria, para reavaliação do procedimento administrativo sob a ótica da Instrução Normativa n° 57, pelo prazo de 30 dias.

A Portaria foi fruto de debates entre o Juizado, advogados e representantes do INSS. O despacho inicial é feito posteriormente, de acordo com a posição do Órgão.

Problema interessante surge na ausência da parte-autora. Deverá ser extinto o processo, conforme determina o art. 51, I, da Lei n° 9.099?

Deve ser negativa a resposta, pois, se a parte indicou um representante, advogado ou não, com poderes para a transação, inexiste motivo razoável para encerramento prematuro do processo.

A conciliação deverá ser oportunizada ao representante da parte. Se ocorrer, o acordo será homologado, extinguindo-se o feito com exame de mérito. Se não houver, deverá ser realizada a instrução e proferida a sentença.

Na eventual necessidade de depoimento pessoal, se o autor não havia sido intimado para tanto, é mister designar outra data e, nesta, colher a prova e proferir sentença. Se intimado, poderá o juiz extinguir o processo, sem mérito, quando frustrada a conciliação.

O CPC foi alterado pela Lei n° 10.444, de 07/05/02, para possibilitar o acordo, ainda que ausente a parte:

"Art. 331. Se não ocorrer qualquer das hipóteses previstas nas seções precedentes, e versar a causa sobre direitos que admitam transação, o juiz designará audiência preliminar, a realizar-se no prazo de 30 (trinta) dias, para a qual serão as partes intimadas a comparecer, *podendo fazer-se representar por procurador ou preposto, com poderes para transigir*". (O grifo é nosso).

### 10. Artigo 11 – INVERSÃO DO ÔNUS DA PROVA

**Art. 11. A entidade pública ré deverá fornecer ao Juizado a documentação de que disponha para o esclarecimento da causa, apresentando-a até a instalação da audiência de conciliação.**

A documentação necessária para o feito é ônus da parte-autora. Entretanto, provada a impossibilidade/dificuldade de se conseguirem os elementos, a parte-ré deverá fornecer ao JEF a documentação disponível para a causa.

É, de fato, uma inversão do ônus da prova. O § 2º do art. 41 da Resolução nº 30, do TRF-2ª Região, estabelece:

"É cabível a inversão do ônus da prova, com base no princípio da eqüidade e nas regras de experiência comum, a critério do magistrado, convencido este a respeito da verossimilhança da alegação ou dificuldade da produção da prova pelo autor".

Exemplos no caso das concessões de benefícios: simulação de cálculos, de implantação de aposentadorias e rendas mensais. No FGTS, os extratos das contas.

Prazo: com a contestação ou até a audiência, se houver.

Deve ser observado o bom-senso, pois em muitas hipóteses a parte-ré não tem como cumprir o prazo, face às inúmeras dificuldades administrativas e burocráticas, inerentes à máquina estatal.

**Parágrafo único. Para a audiência de composição dos danos resultantes de ilícito criminal (arts. 71, 72 e 74 da Lei nº 9.099, de 26 de setembro de 1995), o representante da entidade que comparecer terá poderes para acordar, desistir ou transigir, na forma do art. 10.**

*Comentários deste parágrafo na segunda parte do livro.*

### 11. Artigo 12 – EXAME TÉCNICO

**Art. 12. Para efetuar o exame técnico necessário à conciliação ou ao julgamento da causa, o Juiz nomeará pessoa habilitada, que apresentará o laudo até cinco dias antes da audiência, independentemente de intimação das partes.**

O exame técnico é uma perícia simplificada, de natureza objetiva e concisa por excelência. Deve ser apresentado em juízo até 5 dias antes da audiência. As partes não são intimadas da sua juntada aos autos, pois são advertidas do prazo para entrega do laudo no despacho inicial. Cabe a elas comparecer no JEF e tomar ciência do resultado, impugnando-o, se for do seu interesse. Prazo para a impugnação: 5 dias ou na audiência.

**§ 1º – Os honorários do técnico serão antecipados à conta de verba orçamentária do respectivo Tribunal e, quando vencida na causa a entidade pública, seu valor será incluído na ordem de pagamento a ser feita em favor do Tribunal.**

A Justiça antecipa o pagamento. Se vencido o autor, nada pagará, pois o acesso ao Juizado independerá, na 1ª instância, de custas, taxas ou despesas (art. 54 da Lei nº 9.099/95). Se vencida a entidade ré, o valor deverá ser ressarcido ao Tribunal respectivo.

Como nem sempre a entidade será vencida, acabará o Poder Judiciário arcando com as despesas, que são da responsabilidade do Executivo, a teor da Lei nº 1.060/50.

E no caso de acordo? Quem arcará com os honorários?

Com certeza a parte-ré, pois foi quem deu gênese à demanda. Notem que só haverá transação se o ato administrativo (p. ex. indeferimento de benefício previdenciário) for infirmado em Juízo. Ora, se era ilegal tal ato, e se ele foi o responsável pelo prejuízo ao cidadão, a parte requerida deverá arcar com os ônus respectivos, entre eles, os honorários do técnico judicial. Não é aceitável que o Tribunal pague pelo erro do Executivo.

**§ 2º – Nas ações previdenciárias e relativas à assistência social, havendo designação de exame, serão as partes intimadas para, em dez dias, apresentar quesitos e indicar assistentes.**

Nas previdenciárias e de assistência social (Lei nº 8.742/93 – benefício de prestação continuada para idosos e deficientes, no valor de 1 salário mínimo), as partes serão intimadas para apresentar quesitos e assistentes no prazo de 10 dias.

O parágrafo excluiu as outras lides (SFH, contratos bancários, fiscais, etc.) desta exigência (intimação da parte para quesitos e assistentes técnicos), o que é salutar. Ora, se a parte tem interesse, deverá apresentá-los com a inicial, independentemente de intimação. Aliás, este deveria ser o sistema adotado para todas as causas do JEF, sob pena de preclusão.

## 12. Artigo 13 – REEXAME NECESSÁRIO

**Art. 13. Nas causas de que trata esta Lei, não haverá reexame necessário.**

O reexame necessário consiste na sujeição obrigatória do feito ao duplo grau de jurisdição. Não é recurso, mas fase do procedimento nas causas aforadas contra a União, Estados, Distrito Federal, Municípios, e as respectivas autarquias e fundações de direito público.

Está previsto no art. 475 do CPC, como também em leis esparsas, como a do mandado de segurança – Lei nº 1.533/51, art. 12.

A presente disposição da Lei nº 10.259 acaba com a possibilidade de reexame necessário da sentença pela Turma Recursal, na hipótese de não haver recurso voluntário da entidade ré.

## 13. Artigo 14 – PEDIDO DE UNIFORMIZAÇÃO

**Art. 14. Caberá pedido de uniformização de interpretação de lei federal quando houver divergência entre decisões sobre questões de direito material proferidas por Turmas Recursais na interpretação da lei.**

O pedido de uniformização inexistia no anteprojeto "Costa Leite", sendo germinado na Comissão de Trabalho do Executivo, que tinha a incumbência de analisar o projeto oriundo do STJ.

Dada a impossibilidade de recurso especial nos Juizados estaduais, conforme entendimento pacificado na Súmula 203 do STJ – "Não cabe recurso especial contra decisão proferida, nos limites de sua competência, por órgão de segundo grau dos Juizados Especiais" –, a Comissão, preocupada em abrir de qualquer forma uma via para o STJ, propôs a alteração do projeto, nascendo o *pedido de uniformização*.

É um recurso? Acreditamos que a resposta seja positiva. Se for assim considerado, provavelmente será declarada a inconstitucionalidade do § 4º, uma vez que a lei ordinária não pode alterar a competência constitucional do Superior Tribunal de Justiça – art. 105 da CF.

O CPC cuida da uniformização da jurisprudência no Título IX – Do Processo nos Tribunais (artigos 476 a 479), tratando-a como um incidente nos processos a cargo dos órgãos de 2º Grau. Os recursos são objeto do Título X (artigos 496 e seguintes), o que os deixa distantes na geografia do Código.

Na Lei nº 10.259 não poderia ser diferente, até porque já estava avisado o legislador da impossibilidade de acesso ao STJ, órgão ao qual verdadeiramente se dirigiam as intenções da Comissão do Executivo.

Entretanto, as coincidências entre o pedido de uniformização e o recurso especial são claras. Se não, vejamos.

a) no verdadeiro incidente, a provocação pode se dar *ex officio* (art. 476 do CPC), uma vez que o interesse na uniformização é público. Tal prerrogativa não acontece no pedido de uniformização, cabendo, como em qualquer outro recurso, à "parte interessada" a iniciativa, como está no § 4º do art. 14 da Lei nº 10.259;

b) o § 4º pressupõe uma decisão da Turma Nacional contrária à jurisprudência do STJ. Isto é, já temos um julgamento que poderá ou não ser reformado pela via do pedido de uniformização. No regime do CPC, o incidente precede o exame do Tribunal, pois o futuro acórdão seguirá, justamente, o que for decidido na uniformização;

c) a inegável similitude com o recurso especial, pois tem como requisito de admissibilidade a existência de contrariedade à jurisprudência dominante ou à Súmula do STJ (art. 105, III, da CF);

d) os "pedidos de uniformização de interpretação de lei federal são formulados *no mesmo processo* em que a decisão foi proferida pelo que, dogmaticamente, são verdadeiros e próprios *recursos*, embora, de *lege lata*, não tenham sido como tal tratados" (J. E. Carreira Alvim, em "Juizados Especiais Federais", p. 100);

e) finalmente, a nomenclatura *pedido* de uniformização denuncia a sua verdadeira natureza recursal.

Portanto, o pedido de uniformização é recurso, cabível das decisões das Turmas Recursais em divergências relativas ao direito material.

Sem embargo da inconstitucionalidade do § 4º do art. 14, o pedido de uniformização tem por escopo resolver a divergência entre decisões sobre questões *de direito material*. Não se discutirá o direito processual nos incidentes, observando-se clara delimitação da matéria suscetível de ser uniformizada nacionalmente, conforme pretendia o Executivo.

"Não caberá pedido de uniformização de interpretação de lei federal quando a divergência versar sobre questões de direito processual." (Súmula 01 da Turma Regional de Uniformização).[47]

"Descabe incidente de uniformização versando sobre honorários advocatícios por se tratar de questão de direito processual." (Súmula nº 7 da Turma Nacional de Uniformização).[48]

A Instrução Normativa nº 01, de 12 de novembro de 2002, do Presidente da Turma de Uniformização Nacional, estabelece que o pedido "sujeita-se ao provisório juízo de admissibilidade, exercido pelo Presidente de Turma Recursal, destinado ao exame da legitimidade do peticionário, da tempestividade e da demonstração da divergência", sendo que o "definitivo juízo de admissibilidade é da competência da Turma de Uniformização".

### 13.1. Parágrafo primeiro – TURMA REGIONAL

§ 1º – O pedido fundado em divergência entre Turmas da mesma Região será julgado em reunião conjunta das Turmas em conflito, sob a presidência do Juiz Coordenador.

O artigo 6º da Resolução 108 do TRF-4ª Região[49] disciplina:

"Art. 6º O pedido fundado em divergência entre Turmas Recursais da 4ª Região (Lei nº 10.259, de 12/07/01, art. 14, § 1º) será julgado pela Turma Regional de Uniformização, sob a presidência do Desembargador-Coordenador dos Juizados.

---

[47] Fonte: www.trf4.gov.br
[48] Fonte: www.justicafederal.gov.br
[49] A Res. 108/05 criou mais três Turmas Recursais na 4ª Região.

§ 1º Integram a Turma Regional de Uniformização os Juízes Federais Presidentes das Turmas Recursais das Seções Judiciárias.

§ 2º O pedido de uniformização será formulado, no prazo de 10 dias, ao Presidente da Turma Recursal prolatora da decisão atacada, que, após ouvir a parte contrária, em igual prazo, procederá o juízo de admissibilidade.

§ 3º Admitido o pedido e, se for o caso, ouvido o Ministério Público, no prazo de 10 dias, os autos serão distribuídos ao relator sorteado, que pedirá dia para julgamento".

Pela importância da matéria, deveria a Resolução ter dado prioridade ao exame do incidente, prescrevendo prazo máximo para sua colocação em pauta.

Observe-se:

"Não cabe agravo contra decisão monocrática que, com fundamento no artigo 557, *caput*, do Código de Processo Civil, negou seguimento ao pedido de uniformização jurisprudencial com base em orientação sumulada pelo órgão colegiado". Súmula 3 da Turma Regional de Uniformização.

### 13.2. Parágrafo segundo – TURMA NACIONAL

§ 2º – O pedido fundado em divergência entre decisões de turmas de diferentes regiões ou da proferida em contrariedade a súmula ou jurisprudência dominante do STJ será julgado por Turma de Uniformização, integrada por juízes de Turmas Recursais, sob a presidência do Coordenador da Justiça Federal.

A divergência poderá, como é bem provável, exceder os limites de cada Região, impondo-se o exame em nível nacional. Observem que a divergência pode se dar entre a decisão de uma das Turmas de determinada Região e uma súmula ou jurisprudência dominante do STJ.

O incidente será julgado por Turma de Uniformização, integrada por dez juízes de Turmas Recursais, dois de cada Região, sob a presidência do Coordenador-Geral da Justiça Federal.

A matéria foi inicialmente regrada pela Resolução 251, de 18/12/01, do Conselho da Justiça Federal. A Resolução nº 273, de 27/08/02, revogou a de nº 251 que, por seu turno, foi revogada pela Resolução nº 330, de 05/09/03. Atualmente, a Resolução nº 390, de 17/09/04,[50] regulamenta a composição e os procedimentos da Turma de Uniformização de Jurisprudência, estabelecendo o respectivo regimento interno.

> § 3º – A reunião de juízes domiciliados em cidades diversas será feita pela via eletrônica.

O parágrafo impõe uma ordem a todos os Tribunais, pois diz que a reunião SERÁ feita pela via eletrônica. O maior desafio são os custos dos equipamentos para a prática da teleconferência, pois os juízes estão adaptados ao uso da internet.

> § 4º – Quando a orientação acolhida pela Turma de Uniformização, em questões de direito material, contrariar súmula ou jurisprudência dominante no Superior Tribunal de Justiça – STJ, a parte interessada poderá provocar a manifestação deste, que dirimirá a divergência.

Não basta a existência de precedentes de apenas uma Turma do STJ para caracterização de "jurisprudência dominante", pois esta pressupõe que o Tribunal já tenha se manifestado de forma uníssona em determinada direção, por todos os seus órgãos jurisdicionais competentes para exame da questão suscitada no incidente.

O incidente está regulamentado na Resolução nº 2, de 12 de março de 2002, do Superior Tribunal de Justiça:

> "Art. 1º O incidente de uniformização da jurisprudência do Juizado Especial Federal, previsto no art. 14, § 4º, da Lei nº 10.259, de 12 de julho de 2001, será suscitado perante o Superior Tribunal de Justiça e processado segundo o disposto nesta resolução.
>
> Art. 2º O requerimento da parte, acompanhado de cópia do expediente formado na Turma de Uniformização, será distribuído a relator integrante da Seção competente.

---

50 Fonte: www.justicafederal.gov.br.

Parágrafo único. Se o relator indeferir o pedido, dessa decisão caberá agravo à Seção, que proferirá julgamento irrecorrível.

Art. 3º Admitido o incidente, o relator:

I – poderá, de ofício ou a requerimento da parte, presentes a plausibilidade do direito invocado e o fundado receio de dano de difícil reparação, deferir medida liminar para suspender a tramitação dos processos nos quais tenha sido estabelecida a mesma controvérsia;

II – determinará a intimação da outra parte, pelo correio, para que se manifeste;

III – oficiará ao Coordenador da Turma de Uniformização e aos Presidentes das Turmas Recursais, comunicando o processamento do incidente e solicitando informações;

IV – ordenará a publicação de edital no Diário da Justiça, com destaque no noticiário do STJ na internet, para dar ciência aos interessados sobre a instauração do incidente, a fim de que se manifestem, querendo, no prazo de trinta dias;

V – decidir o mais que for necessário à instrução do feito.

§ 1º Da decisão concessiva da medida liminar prevista no inciso I, caberá agravo à Seção.

§ 2º As partes e os terceiros interessados, no seus prazos, poderão juntar documentos, arrazoados e memoriais.

Art. 4º Será de dez dias o prazo para suscitar o incidente de uniformização (art. 1º), para haver manifestação da parte contrária (art 3º, II) e para agravar das decisões do relator (art. 2º, parágrafo único, e art. 3º, § 1º).

Art. 5º Cumpridos os prazos, com ou sem manifestação das partes, do Ministério Público ou de eventuais terceiros interessados, o feito será incluído na pauta da Seção, com preferência sobre os demais, ressalvados os processos com réu preso, habeas corpus e mandado de segurança.

Parágrafo único. As partes poderão produzir sustentação oral pelo tempo máximo de quinze minutos. Os terceiros interessados, por decisão do Presidente da Seção, pelo prazo que este fixar, poderão sustentar oralmente.

Art. 6º O acórdão que julgar o incidente conterá, se for o caso, súmula sobre a questão controvertida, e dele será enviada cópia aos Juizados Especiais Federais e às Turmas Recursais.

Art. 7º Esta resolução entra em vigor na data de sua publicação".[51]

### 13.3. Parágrafo quinto – SUSPENSÃO DOS PROCESSOS

§ 5º – No caso do § 4º, presente a plausibilidade do direito invocado e havendo fundado receio de dano de difícil reparação, poderá o relator conceder, de ofício ou a requerimento do interessado, medida liminar determinando a suspensão dos processos nos quais a controvérsia esteja estabelecida.

A suspensão dos processos é uma excelente medida para evitar novos pedidos de uniformização ao STJ, além de provocar o sobrestamento de todos os demais feitos com aquela específica controvérsia de direito material.

O requisito da plausibilidade do direito consiste na existência de verdadeiro antagonismo entre a decisão da Turma Nacional e uma jurisprudência pacífica dentro do STJ. Não é possível que no próprio Tribunal as Turmas ainda estejam em conflito, eis que um dos requisitos é justamente que a matéria esteja com sua orientação definida.

O receio de dano é sempre de natureza econômica, estando presente nas demandas de massa (direitos individuais homogêneos), como as de revisão de benefício previdenciário, correção monetária do Fundo de Garantia do Tempo de Serviço – FGTS – e nos contratos do Sistema Financeiro da Habitação.

Considerando a prevalência dos critérios da celeridade e economia processuais, nada impede que os juízes de 1º Grau ordenem a suspensão dos feitos, antecipando-se a uma provável decisão neste sentido. O que importa é evitar a tramitação de milhares de ações idênticas no sistema dos Juizados, enquanto aguardam, de fato, uma definição do Superior Tribunal de Justiça ou do Supremo Tribunal Federal.

---

[51] Fonte: www.stj.gov.br.

No Juizado de Blumenau, a Portaria nº 05, de 09 de julho de 2002, suspendeu a tramitação de todos os processos referentes à conversão da URV em 1994 (percentual de 11,77%), uma vez existentes pedidos de uniformização nas três Turmas Recursais da 4ª Região e recurso extraordinário no STF.[52]

Em agosto de 2003, o STF suspendeu a apreciação de 154 Recursos Extraordinários interpostos pelo INSS que tratavam de reajustes de benefícios previdenciários, por força de decisão exarada no RE 376852, Relator Ministro Gilmar Mendes.

> § 6º – Eventuais pedidos de uniformização idênticos, recebidos subseqüentemente em quaisquer Turmas Recursais, ficarão retidos nos autos, aguardando-se pronunciamento do Superior Tribunal de Justiça.

Como já foi dito, a medida é benéfica para todos, em especial para que as Turmas dediquem o seu tempo aos demais recursos.

> § 7º – Se necessário, o relator pedirá informações ao Presidente da Turma Recursal ou Coordenador da Turma de Uniformização e ouvirá o Ministério Público, no prazo de cinco dias. Eventuais interessados, ainda que não sejam partes no processo, poderão se manifestar, no prazo de trinta dias.

É difícil entender o conteúdo das tais informações, ou no que consistiriam, pois não há um ato do Presidente da Turma Recursal ou do Coordenador da Turma de Uniformização *sub judice*, mas um julgamento de uma Turma Recursal ou da Turma de Uniformização para ser confrontado com as decisões do STJ. Uma vez pedidas as informações, será ouvido o Ministério Público, em cinco dias.

Explica Bollmann:

> "A parte final do dispositivo possibilita a intervenção de terceiros que proporcionam um maior debate sobre a questão decidenda.

---

[52] Apesar de a suspensão atender aos princípios dos Juizados, os quais podem dedicar sua força de trabalho a outros processos, o Enunciado federal (2º FONAJEF) nº 42 dispõe: "Devido ao princípio da celeridade processual, não é recomendada a suspensão dos processos idênticos em primeiro grau, quando houver incidente de uniformização de jurisprudência no STJ ou recurso extraordinário pendente de julgamento".

A interpretação literal desta segunda parte deste dispositivo poderia levar à conclusão de que o relator deverá restar inerte, aguardando eventuais manifestações de interessados. Todavia, uma abordagem finalística deste artigo, consentânea com o ditame decorrente do art. 5º, da LICC, leva à conclusão diversa, permitindo-se que o relator oficie a entidades representativas de eventuais interessados a fim de colher suas opiniões. Assim, dá-se maior abertura para argumentos que possibilitem uma decisão afinada com os ditames de ordem social que estejam sob a influência deste julgamento. Por exemplo, em ações que envolvam matéria previdenciária, é possível cogitar-se de manifestações de associações de aposentados; nas que envolvam créditos do sistema financeiro da habitação, permite-se sejam apresentadas razões por associações de mutuários e pelas instituições financeiras envolvidas direta ou indiretamente". (2004, p. 65).

**§ 8º – Decorridos os prazos referidos no § 7º, o relator incluirá o pedido em pauta na Seção, com preferência sobre todos os demais feitos, ressalvados os processos com réus presos, os habeas corpus e os mandados de segurança.**

A preferência decorre da necessidade de examinar-se o mais breve possível o pedido, uma vez que milhares de processos poderão estar suspensos à espera de julgamento, tanto nas Turmas Recursais, como também nos Juizados.

É interessante que os processos, sob suspensão nas TR, tenham o mesmo destino nos Juizados, ou seja, fiquem aguardando a manifestação do STJ para, então, serem proferidos acórdãos afinados com o que foi decidido. Tal prática, com certeza, além de evitar recursos, ensejará, se vencedora a tese contrária à parte requerida, a oportunidade de acordos. A suspensão, não importa o caso, redundará sempre em economia processual e celeridade para o conjunto de processos do sistema dos Juizados.

**§ 9º – Publicado o acórdão respectivo, os pedidos retidos referidos no § 6º serão apreciados pelas Turmas Recursais, que poderão exercer juízo de retratação ou declará-los prejudicados, se veicularem tese não acolhida pelo Superior Tribunal de Justiça.**

O juízo de retratação importa na possibilidade de revisão do julgamento da Turma Recursal. Sempre será efetivado quando o julgamento da TR esposar tese jurídica rejeitada pelo STJ.

Daí a importância, mais uma vez, da suspensão dos processos, pois evitar-se-ão inúmeros, senão milhares, de juízos de retratação pelas Turmas.

> § 10. Os Tribunais Regionais, o Superior Tribunal de Justiça e o Supremo Tribunal Federal, no âmbito de suas competências, expedirão normas regulamentando a composição dos órgãos e os procedimentos a serem adotados para o processamento e o julgamento do pedido de uniformização e do recurso extraordinário.

O TRF-4ª Região expediu a Resolução nº 108/05, alterando parcialmente as Resoluções 54/01 e 94/04. No âmbito do STJ, é a Resolução nº 2, de 12 de março de 2002, que disciplina o incidente de uniformização. No STF, o recurso extraordinário, advindo do sistema de Juizados Federais, está previsto no §5º do art. 321 do seu Regimento Interno.[53]

## 14. Artigo 15 – RECURSO EXTRAORDINÁRIO

> Art. 15. O recurso extraordinário, para os efeitos desta Lei, será processado e julgado segundo o estabelecido nos §§ 4º a 9º do art. 14, além da observância das normas do Regimento.

Nas causas submetidas ao Supremo Tribunal Federal, mediante recurso extraordinário, o mesmo *será* processado e julgado segundo o estabelecido nos §§ 4º a 9º do art. 14, além da observância das normas do Regimento daquele Tribunal.

A uniformização visa à matéria de natureza constitucional, sendo induvidáveis as possibilidades de o relator conceder medida liminar para suspensão de todos os processos no âmbito dos JEFs.

---

[53] Enunciado nº 31, 2º FONAJEF: "O recurso de agravo interposto contra decisão que nega seguimento a recurso extraordinário pode ser processado nos próprios autos principais, dispensando-se a formação de instrumento no âmbito das Turmas Recursais".

Ao art. 321 do Regimento Interno do Supremo[54] foi acrescentado o seguinte dispositivo:

"§ 5º Ao recurso extraordinário interposto no âmbito dos Juizados Especiais Federais, instituídos pela Lei nº 10.259, de 12 de julho de 2001, aplicam-se as seguintes regras:

I – verificada a plausibilidade do direito invocado e havendo fundado receio da ocorrência de dano de difícil reparação, em especial quando a decisão recorrida contrariar súmula ou jurisprudência dominante do Supremo Tribunal Federal, poderá o relator conceder, de ofício ou a requerimento do interessado, ad referendum do Plenário, medida liminar para determinar o sobrestamento, na origem, dos processos nos quais a controvérsia esteja estabelecida, até o pronunciamento desta Corte sobre a matéria;

II – o relator, se entender necessário, solicitará informações ao Presidente da Turma Recursal ou ao Coordenador da Turma de Uniformização, que serão prestadas no prazo de 05 (cinco) dias;

III – eventuais interessados, ainda que não sejam partes no processo, poderão manifestar-se no prazo de 30 (trinta) dias, a contar da publicação da decisão concessiva da medida cautelar prevista no inciso I deste § 5º;

IV – o relator abrirá vista dos autos ao Ministério Público Federal, que deverá pronunciar-se no prazo de 05 (cinco) dias;

V – recebido o parecer do Ministério Público Federal, o relator lançará relatório, colocando-o à disposição dos demais Ministros, e incluirá o processo em pauta para julgamento, com preferência sobre todos os demais feitos, à exceção dos processos com réus presos, habeas-corpus e mandado de segurança;

VI – eventuais recursos extraordinários que versem idêntica controvérsia constitucional, recebidos subseqüentemente em quaisquer Turmas Recursais ou de Uniformização, ficarão sobrestados, aguardando-se o pronunciamento do Supremo Tribunal Federal;

---

[54] "Art. 321. O recurso extraordinário para o Tribunal será interposto no prazo estabelecido na lei processual pertinente, com indicação do dispositivo que o autorize, dentre os casos previstos nos artigos 102, III, a, b, c, e 121, § 3º, da Constituição Federal". Fonte: www.stf.gov.br.

VII – publicado o acórdão respectivo, em lugar especificamente destacado no Diário da Justiça da União, os recursos referidos no inciso anterior serão apreciados pelas Turmas Recursais ou de Uniformização, que poderão exercer o juízo de retratação ou declará-los prejudicados, se cuidarem de tese não acolhida pelo Supremo Tribunal Federal;

VIII – o acórdão que julgar o recurso extraordinário conterá, se for o caso, súmula sobre a questão constitucional controvertida, e dele será enviada cópia ao Superior Tribunal de Justiça e aos Tribunais Regionais Federais, para comunicação a todos os Juizados Especiais Federais e às Turmas Recursais e de Uniformização".

## 15. Artigo 16 – EXECUÇÃO DE OBRIGAÇÃO DE FAZER

**Art. 16.** O cumprimento do acordo ou da sentença, com trânsito em julgado, que imponham obrigação de fazer, não fazer ou entrega de coisa certa, será efetuado mediante ofício do Juiz à autoridade citada para a causa, com cópia da sentença ou do acordo.

A sentença homologatória de conciliação é irrecorrível, a teor do art. 41 da Lei nº 9.099, transitando em julgado de imediato:

"Obtida a conciliação, esta será reduzida a escrito e homologada pelo Juiz togado, mediante sentença com eficácia de título executivo", conforme parágrafo único do art. 22 da Lei nº 9.099.

Nas demais, apesar de o recurso da sentença ser meramente devolutivo (art. 43 da Lei nº 9.099), inexiste possibilidade de execução provisória (art. 587 do CPC).

Em primeiro lugar, porque exige a Lei nº 10.259 o trânsito em julgado da sentença. Em segundo, porque a execução no JEF é muito específica, resolvendo-se na mera expedição de ofício à autoridade citada para a causa,[55] com cópia da

---

[55] "É válida a intimação do Procurador Federal para cumprimento da obrigação de fazer, independentemente de ofício, com base no artigo 461 do Código de Processo Civil". E. nº 8, FONAJEF.

sentença ou do acordo, onde estará expressa a obrigação imposta ou a coisa a ser restituída, bem como o respectivo prazo para o cumprimento da ordem judicial.

As obrigações de fazer são as mais diversas: averbação de tempo de serviço, implantação de aposentadoria, revisão de contrato, etc.

É possível a fixação de multa cominatória, de acordo com o art. 52, V e VI, da Lei nº 9.099, sendo mister o conhecimento dos seguintes enunciados estaduais, que facilitam a sua aplicação prática:

Enunciado nº 24 – "A multa cominatória, em caso de obrigação de fazer ou não fazer, deve ser estabelecida em valor fixo diário".

Enunciado nº 25 – "A multa cominatória não fica limitada ao valor de quarenta (40) salários mínimos, embora deva ser razoavelmente fixada pelo juiz, obedecendo-se ao valor da obrigação principal, mais perdas e danos, atendidas as condições econômicas do devedor".

Porém, a "multa cominatória não é cabível nos casos do art. 53 da Lei nº 9.099/95." Enunciado nº 23.

Observe-se, a propósito, a Súmula nº 13 da TR/SC:

"As parcelas vencidas a partir da sentença constituem obrigação de fazer, sendo devido o pagamento diretamente pela administração, dispensada a requisição de pequeno valor ou precatório".

## 16. Artigo 17 – EXECUÇÃO DE OBRIGAÇÃO DE PAGAR

**Art. 17. Tratando-se de obrigação de pagar quantia certa, após o trânsito em julgado da decisão, o pagamento será efetuado no prazo de sessenta dias, contados da entrega da requisição, por ordem do Juiz, à autoridade citada para a causa, na agência mais próxima da Caixa Econômica Federal ou do Banco do Brasil, independentemente de precatório.**

Se a condenação versar sobre pagamento em espécie, após o trânsito em julgado, a quitação do débito será efetuada mediante precatório ou requisição de pequeno valor – RPV.

Precatório é uma espécie de requisição de pagamento de determinada quantia a que a Fazenda Pública foi condenada em processo judicial, para valores totais acima de 60 salários mínimos por beneficiário.

É encaminhado pelo Juiz da execução para o Presidente do Tribunal respectivo. As requisições recebidas no Tribunal até 1º de julho de um ano são autuadas como precatórios, atualizadas nesta data e incluídas na proposta orçamentária do ano seguinte. Os precatórios autuados após esta data serão atualizados em 1º de julho do ano seguinte e inscritos na proposta orçamentária subseqüente. O prazo para depósito, junto ao Tribunal, dos valores dos precatórios inscritos na proposta de determinado ano, é dia 31 de dezembro do ano para o qual foi orçado.

Quando ocorre a liberação do numerário, o Tribunal procede ao pagamento, primeiramente dos precatórios de créditos alimentares e depois os de créditos comuns, conforme a ordem cronológica de apresentação. É então aberta uma conta de depósito judicial para cada precatório, na qual é creditado o valor correspondente a cada um, após o que é encaminhado ofício ao Juízo que expediu o precatório, disponibilizando-se a verba (transferência à vara de origem).

Disponibilizada a verba, o Juiz da execução determinará a expedição do respectivo alvará de levantamento, permitindo o saque do valor pelos beneficiários. Após a transferência da verba, os autos do Precatório são arquivados no Tribunal.

Requisição de Pequeno Valor (RPV) é uma espécie de requisição de pagamento de determinada quantia a que a Fazenda Pública foi condenada em processo judicial, para valores totais até 60 salários mínimos por beneficiário.

A Requisição de Pagamento é encaminhada pelo Juiz da execução para o Presidente do Tribunal. Chegando ao Tribunal, a RPV é autuada, sendo atualizada no último dia do mês em que foi apresentada e incluída em proposta orçamentária mensal. Esta proposta é encaminhada ao Conselho da Justiça Federal (CJF), quando a entidade devedora for sujeita ao Orçamento Geral da União ou diretamente ao devedor para as outras entidades. O prazo para depósito das RPVs, junto ao Tribunal, é de 60 dias.

Ocorrendo a liberação da verba, o Tribunal procede ao pagamento conforme a ordem cronológica de apresentação. É então aberta uma conta e depositado o valor correspondente a cada RPV, nos casos de processos que seguiram o rito normal ou uma conta para cada beneficiário, para as RPVs oriundas dos Juizados Especiais Federais. Após, é encaminhado ofício ao Juízo que expediu a RPV, disponibilizando-se o numerário depositado.

O pagamento às partes é realizado pela Vara, no processo de execução de sentença, mediante expedição de alvará de levantamento, nos casos de processos que seguiram o rito normal ou através do saque direto pelo beneficiário, nas RPVs dos Juizados Especiais Federais.

Terá a autoridade citada para a causa (nas empresas públicas, o seu representante máximo) 60 dias para efetuar o depósito do numerário na agência mais próxima da Caixa Econômica Federal ou do Banco do Brasil.

O prazo inicia na entrega do ofício requisitório à autoridade, não sendo necessário cópia da sentença ou do acordo, pois a obrigação consiste no depósito do numerário requisitado, na agência indicada. Como toda circunscrição possui Posto de Atendimento Bancário da Caixa Econômica Federal (PAB-CEF), deve ser o PAB o agente bancário dos JEF, mormente porque poderão ser estabelecidas rotinas entre a Justiça e a CEF, facilitando a vida do jurisdicionado.

Atualmente, a matéria relativa aos pagamentos está disciplinada na Resolução nº 438, de 30 de maio de 2005, do Conselho da Justiça Federal, sendo expressamente revogadas as Resoluções nºs. 263, de 21 de maio de 2002; 271, de 08 de agosto de 2002; 373, de 25 de maio de 2004; 399, de 26 de outubro de 2004, e 429, de 14 de abril de 2005.

O art. 1º da Resolução 438 determina:

"Art. 1º O pagamento de quantia certa a que for condenada a Fazenda Pública será feito nos termos desta Resolução, facultada a utilização de meio eletrônico conforme regulamentação a ser expedida em cada Região.

Parágrafo único. Compete ao Presidente do respectivo Tribunal Regional Federal aferir a regularidade formal das requisições, bem como assegurar a obediência à ordem de

preferência de pagamento dos créditos, nos termos preconizados na Constituição Federal e nesta Resolução".
E o art. 2º complementa:

"§ 1º Tratando-se de obrigação de pagar quantia certa de pequeno valor, após o trânsito em julgado da sentença ou do acórdão, o Juiz expedirá requisição, em duas vias, quando o devedor for a União, suas autarquias e fundações.

§ 2º As vias de requisição serão encaminhadas simultaneamente, sendo a primeira ao Presidente do Tribunal Regional Federal, que tomará as providências estabelecidas no art. 7º da presente Resolução e, no que couber, na lei que disciplina a matéria, e a segunda à entidade devedora, facultada a utilização de meio eletrônico, conforme dispuser a regulamentação de cada Tribunal".

É importante, sem dúvida, o estudo das Leis de Diretrizes Orçamentárias – LDO anuais, como, por exemplo, da Lei nº 10.934, de 11/08/04, alterada pela Lei nº 11.086, de 31/12/04, pois as Resoluções do Conselho da Justiça Federal obedecem às LDOs:

"Art. 26. As dotações orçamentárias das autarquias e das fundações públicas, destinadas ao pagamento de débitos oriundos de decisões judiciais transitadas em julgado, aprovadas na lei orçamentária anual e em créditos adicionais, incluídas as relativas a benefícios previdenciários de pequeno valor, deverão *ser integralmente descentralizadas aos Tribunais que proferirem as decisões exeqüendas*, ressalvadas as hipóteses de causas processadas pela justiça comum estadual". (Grifos nossos).

Situação semelhante ocorreu com a Lei nº 10.266, de 24 de julho de 2001, dispondo sobre as diretrizes para a elaboração da lei orçamentária de 2002. A Lei estabeleceu a obrigatoriedade das requisições dos créditos de pequeno valor – RPV – serem dirigidas ao Tribunal competente. Destarte, como definido pela Resolução do Conselho da Justiça Federal nº 263, de 21/05/02, vigente à época, seria a requisição confeccionada em duas vias, sendo a primeira dirigida à autoridade citada para a causa e, a segunda, ao Presidente do Tribunal Regional Federal.

O objetivo das leis orçamentárias é bastante simples, atendendo à necessidade de efetivar-se o planejamento dos gastos da União, das autarquias e das fundações públicas com as requisições de pequeno valor e precatórios.[56]

Resta saber se haverá possibilidade de seqüestro pelo Juiz do Juizado na hipótese de inadimplemento. Obviamente que a resposta é negativa, pois a autoridade citada para a causa não terá qualquer ingerência sobre os trâmites da RPV no Tribunal Regional Federal, ou seja, não será ela responsável pelo atraso na quitação do valor devido.

Por outro lado, mostra-se necessária a entrega de uma via da RPV à autoridade pública, uma vez que o órgão da Administração direta ou entidade que originou o débito deverá discriminar no Sistema Integrado de Administração Financeira – Siafi – a relação das requisições relativas a sentenças de pequeno valor, no prazo de até 60 (sessenta) dias contados do trânsito em julgado da decisão judicial, de acordo com o art. 27, parágrafo único, da Lei nº 10.934/04 (LDO).

Então, está abolido o seqüestro?

O § 2º do art. 100 da Carta Magna autoriza o seqüestro da quantia necessária à satisfação do débito, nos casos de preterimento do direito de preferência, cabendo ao Presidente do Tribunal autorizar a medida, a pedido da parte interessada.

É bom lembrar que a Resolução 438 do Conselho da Justiça Federal não se aplica às empresas públicas federais.

São cabíveis embargos do devedor conforme o inciso IX do art. 52 da Lei nº 9.099?

Pensamos que não.[57] Em primeiro lugar, porque devemos considerar ser a nossa execução totalmente diversa da execução estabelecida na Lei nº 9.099.

Temos um procedimento próprio, em que não há espaço para "pedido do interessado escrito ou verbal" – art. 52, IV,

---

[56] Para aprofundamento do tema sobre precatórios e requisições de pequeno valor apontamos o manual do Conselho da Justiça Federal, aprovado pela Resolução 439, de 30 de maio de 2005, disponível no seguinte endereço eletrônico: www.trf4.gov.br/trf4/formularios/arquivos/Manual-Precatorios-pdf.

[57] "Não são admissíveis embargos de execução nos JEF's, devendo as impugnações do devedor ser examinadas independentemente de qualquer incidente". Enunciado nº 13, 2º FONAJEF.

da Lei nº 9.099, já que a satisfação do direito reconhecido na sentença dá-se de ofício, como ordenam os arts. 16 – "(...) o cumprimento do acordo ou da sentença (...) *será efetuado mediante ofício do juiz* (...)" – e 17 – "(...) o pagamento *será efetuado* no prazo de sessenta dias, contados da entrega da requisição, *por ordem do juiz,* (...)" – da Lei nº 10.259.

Cabe à jurisdição dar um fim útil ao processo. Ninguém entra na Justiça por lazer, ou para discutir academicamente suas pretensões. Entra para conseguir de fato uma alteração positiva em sua existência. Desta forma, não teria sentido no âmbito do JEF aguardar-se pedido expresso da parte-autora para proceder-se à satisfação do julgado.

Também inocorre nova citação do réu. A obrigação de fazer, não fazer ou de entrega de coisa certa é cumprida mediante ofício do Juiz. Se de pagar, mediante ofício requisitório à autoridade citada para a causa (empresas públicas) ou ao Presidente do Tribunal.

Outrossim, temos de considerar que a parte requerida é sempre pessoa jurídica (de direito público ou de direito privado), tornando escassas (se é que poderiam ocorrer) as hipóteses de falta ou nulidade da citação, acompanhada de revelia.

Além disso, toda a matéria poderá ser ventilada na apelação. Assim, o excesso de execução e o erro de cálculo devem ser atacados no recurso, uma vez que a sentença é líquida, e a mera atualização monetária não rende embargos ao devedor. Igualmente improváveis as causas supervenientes à sentença (impeditivas, modificativas ou extintivas?), pois a Constituição protege a coisa julgada e seus reflexos (art. 5º, XXXVI).

Então, a admissibilidade de embargos no JEF é meramente retórica.

Todavia, exsurge a possibilidade de a sentença ser reformada pela Turma, caso em que, se o acórdão não for líquido, haverá, sim, hipótese palpável de embargos por eventual excesso de execução, decorrente da exegese equivocada do julgado.

Ocorre que, em face dos princípios dos Juizados, tal excesso pode e deve ser resolvido sem maiores formalidades, adotando-se, na dúvida, o cálculo judicial por ocasião da liquidação efetuada pelo Contador do Juizado, após ouvir as partes sobre a conta oficial.

Quando atuávamos no JEF de Blumenau era comum designar audiência para o caso, resolvendo-se o problema do cálculo de liquidação juntamente com as partes. Em todos os processos foram fechados acordos, pois o argumento judicial era simples: a parte autora não pode receber menos do que tem direito, e o réu não deve pagar mais do que deve (princípio geral de Direito).

> § 1º – Para os efeitos do § 3º do art. 100 da Constituição Federal, as obrigações ali definidas como de pequeno valor, a serem pagas independentemente de precatório, terão como limite o mesmo valor estabelecido nesta Lei para a competência do Juizado Especial Federal Cível (art. 3º, *caput*).

A regra não se dirige apenas aos JEF, mas a todas as demais Varas federais que poderão, até o limite de sessenta salários mínimos, dispensar o precatório nas obrigações de pequeno valor.

Por exemplo, nas causas previdenciárias, o limite do art. 128 da Lei nº 8.213/91 foi superado pelo do parágrafo citado.

### 16.1. Parágrafo 2º – SEQÜESTRO DE VALORES

> § 2º – Desatendida a requisição judicial, o Juiz determinará o seqüestro do numerário suficiente ao cumprimento da decisão.

Rompe o parágrafo com jurisprudência pacífica dos Tribunais, no sentido da impossibilidade de seqüestro de valores da Fazenda Pública.

Confere poder ao magistrado para garantia do cumprimento das ordens judiciais, em especial, para as de antecipação de tutela e cautelares.

Deve constar expressamente do ofício requisitório a advertência, bem como de toda e qualquer decisão que tenha conteúdo econômico imediato.

Perfeitamente viável a sua aplicação analógica nas obrigações de fazer, não fazer e para entrega de coisa certa, uma vez que só a imposição de multa cominatória, sem a possível garantia de sua posterior execução, não trará efetividade ao comando judicial.

A possibilidade de seqüestro é um instrumento que deve ter seu alcance alargado pela Justiça, pois ampara o cidadão e garante a efetividade da tutela jurisdicional.

> § 3º – São vedados o fracionamento, repartição ou quebra do valor da execução, de modo que o pagamento se faça, em parte, na forma estabelecida no § 1º deste artigo, e, em parte, mediante expedição do precatório, e a expedição de precatório complementar ou suplementar do valor pago.

O parágrafo expressa a impossibilidade de fracionamento da forma de execução, o que é muito salutar, além de preservar a utilidade do parágrafo seguinte, pois redundaria, o fracionamento no maior desestímulo ao instituto da renúncia na fase executiva.

Na prática forense, os juízes já vinham indeferindo pretensões semelhantes de fracionamento, mormente nas execuções previdenciárias, em que o art. 128 da Lei nº 8.213/91 permitia o pagamento de pequenas quantias independentemente do precatório.

### 16.2. Parágrafo 4º – RENÚNCIA DE VALORES

> § 4º – Se o valor da execução ultrapassar o estabelecido no § 1º, o pagamento far-se-á, sempre, por meio do precatório, sendo facultado à parte exeqüente a renúncia ao crédito do valor excedente, para que possa optar pelo pagamento do saldo sem o precatório, da forma lá prevista.

O que exceder a sessenta salários mínimos, a critério do autor, poderá ser objeto de renúncia pessoal expressa, ou pelo seu advogado, desde que na procuração constem os poderes especiais do art. 38 do CPC (renunciar) ou, ainda, pelo seu representante, na forma do art. 10 da Lei nº 10.259.

A renúncia deve ser feita por escrito, em especial para segurança do trabalho forense, evitando dúvidas a respeito da manifestação do ato.

## 17. Artigo 18 – CONCILIADORES

**Art. 18. Os Juizados Especiais serão instalados por decisão do Tribunal Regional Federal. O Juiz presidente do Juizado designará os conciliadores pelo período de dois anos, admitida a recondução. O exercício dessas funções será gratuito, assegurados os direitos e prerrogativas do jurado (art. 437 do Código de Processo Penal).**

Os conciliadores são nomeados de acordo com o art. 8º da Resolução 54/01 do TRF-4ª R., que prescreve:

"Os conciliadores, em número compatível com o movimento forense, terão função específica de promover a conciliação entre as partes ou, se ela não for possível, ordenar e acompanhar os atos de instrução, e serão designados pelo juiz presidente do Juizado, com mandato de dois anos, admitida a recondução, recrutados, preferencialmente, entre bacharéis em direito, de reputação ilibada".

Na verdade, será o movimento forense que dirá da conveniência ou não da presença dos conciliadores, pois o grande "costureiro" judicial é o magistrado. É ele que representa a imparcialidade, bem como as possibilidades reais de cada parte no sucesso da demanda, aconselhando, com propriedade, a parte reticente na conciliação.

A Resolução fala em "ordenar e acompanhar os atos de instrução", o que não se confunde com dirigir os atos de instrução, que, pelo regime do art. 37 da Lei nº 9.099, cabe ao "Juiz leigo".

Não obstante:

"Havendo contínua e permanente fiscalização do juiz togado, conciliadores criteriosamente escolhidos pelo juiz, poderão, para certas matérias, realizar atos instrutórios previamente determinados, como redução a termo de depoimentos, não se admitindo, contudo, prolação de sentença a ser homologada". Enunciado 45, 2º FONAJEF.

É bom frisar que nada impede a existência dos juízes leigos no JEF, pois, se a aplicação da Lei nº 9.099 é subsidiária, e inocorre vedação implícita ou explícita ao leigo, poderá o Juiz-Presidente nomeá-los na forma do art. 7º da Lei nº 9.099.

Vejam, mais uma vez, que o juiz leigo tem assento constitucional no art. 98 da CF.

"A União, no Distrito Federal e nos Territórios, e os Estados criarão:

I – juizados especiais, *providos por juízes togados, ou togados e leigos, competentes para a conciliação, o julgamento e a execução* de causas cíveis de menor complexidade (...)". (Grifos nossos).

O artigo 437 do CPP diz que o exercício da função de jurado gera presunção de idoneidade moral, assegurando prisão especial, em caso de crime comum, até o julgamento definitivo.

### 17.1. Parágrafo único – JUIZADOS ADJUNTOS

Parágrafo único. Serão instalados Juizados Especiais Adjuntos nas localidades cujo movimento forense não justifique a existência de Juizado Especial, cabendo ao Tribunal designar a Vara onde funcionará.

A grande tendência atual, para desafogar os TRFs, é a instalação de Juizados adjuntos em todas as circunscrições que não justifiquem a existência de um autônomo. Por outro lado, as restrições orçamentárias também aconselham esta solução, pois não é preciso criar uma nova Vara Federal com nome de Juizado Especial Federal.

### 18. Artigo 19 – INSTALAÇÃO DOS JUIZADOS

Art. 19. No prazo de seis meses, a contar da publicação desta Lei, deverão ser instalados os Juizados Especiais nas capitais dos Estados e no Distrito Federal.
Parágrafo único. Na capital dos Estados, no Distrito Federal e em outras cidades onde for necessário, neste último caso, por decisão do Tribunal Regional Federal, serão instalados Juizados com competência exclusiva para ações previdenciárias.

A Resolução nº 252, de 18 de dezembro de 2001, do Conselho da Justiça Federal, dispôs inicialmente a respeito da questão. A 4ª Região optou pela limitação de competência nos seus Juizados Especiais Federais.

## 19. Artigo 20 – COMPETÊNCIA TERRITORIAL

**Art. 20. Onde não houver Vara Federal, a causa poderá ser proposta no Juizado Especial Federal mais próximo do foro definido no art. 4º da Lei nº 9.099, de 26 de setembro de 1995, vedada a aplicação desta Lei no juízo estadual.**

O artigo 4º da Lei nº 9.099 tem a seguinte redação:
"É competente, para as causas previstas nesta Lei, o Juizado do foro:
I – do domicílio do réu ou, a critério do autor, do local onde aquele exerça atividades profissionais ou econômicas ou mantenha estabelecimento, filial, agência, sucursal ou escritório;
II – do lugar onde a obrigação deva ser satisfeita;
III – do domicílio do autor ou do local do ato ou fato, nas ações para reparação de dano de qualquer natureza.
Parágrafo único. Em qualquer hipótese, poderá a ação ser proposta no foro previsto no inciso I deste artigo."

Importante trazer à baila que a Constituição Federal (art. 109) tem disposições a respeito da competência, em particular no que tange à União e ao INSS:
"§ 2º – As causas intentadas contra a União poderão ser aforadas na seção judiciária em que for domiciliado o autor, naquela onde houver ocorrido o ato ou fato que deu origem à demanda ou onde esteja situada a coisa, ou ainda, no Distrito Federal.
§ 3º – Serão processadas e julgadas na justiça estadual, no foro do domicílio dos segurados ou beneficiários, as causas em que forem parte instituição de previdência social e segurado, sempre que a comarca não seja sede de vara do juízo federal, e, se verificada essa condição, a lei poderá permitir que outras causas sejam também processadas e julgadas pela justiça estadual.[58]
§ 4º – Na hipótese do parágrafo anterior, o recurso cabível será sempre para o Tribunal Regional Federal na área de jurisdição do juiz de primeiro grau."

---

[58] "Nas ações de natureza previdenciária e assistencial, a competência é concorrente entre o JEF da Subseção Judiciária e o da sede da Seção Judiciária (art. 109, § 3º da CF e Súmula 689 do STF)". Enunciado nº 23, 2º FONAJEF.

Como primeira constatação, temos que a competência definida na Carta Magna não pode ser reduzida pela lei ordinária. Assim, mais duas possibilidades surgem, pois a causa poderá ser aforada contra a União no JEF "onde esteja situada a coisa" ou no JEF do "Distrito Federal".

Igualmente, se contra o INSS, poderão ser aforadas "na justiça estadual, no foro do domicílio dos segurados ou beneficiários, as causas em que forem parte instituição de previdência social e segurado, sempre que a comarca não seja sede de vara do juízo federal, e, se verificada essa condição, *a lei poderá permitir que outras causas sejam também processadas e julgadas pela justiça estadual*", surgindo a inconstitucionalidade da parte final do art. 20 da Lei nº 10.259, quando proíbe "a aplicação desta Lei no juízo estadual", uma vez que a lei ordinária poderá até ampliar as hipóteses de competência delegada; jamais, porém, reduzir as possibilidades trazidas no texto constitucional.

Ora, se há competência delegada, age o Juiz de Direito em função jurisdicional federal, sendo de todo aplicável o novo regramento, mormente se o valor da causa se enquadra nos limites da Lei nº 10.259/01. A apelação, por óbvio, deverá ser dirigida à Turma Recursal federal.

Esta também é a conclusão exposta no Enunciado nº 65:

"A ação previdenciária fundada na Lei nº 10.259/01, onde não houver Juízo Federal, poderá ser proposta no Juizado Especial estadual, nos termos do art. 109, § 3º, da Constituição Federal".

Todavia, o STJ tem decisão em sentido contrário:

"Previdenciário. conflito negativo. Juízo de Direito do Juizado Especial Cível e Juízo de Direito investido de jurisdição federal. Competência do STJ para dirimir o conflito. Art. 105, I, alínea "d" da CF. Juízo estadual. Competência excepcional. Julgamento de causas previdenciárias. Artigo 109, § 3º da CF. Inteligência. Artigo 20 da Lei nº 10.259/01. Justiça estadual e Juizado Especial Estadual. Inaplicabilidade. Juizado Especial Estadual. Julgamento de causas previdenciárias. Impossibilidade. Lei Ordinária. Extensão. Vedação. Competência de cunho constitucional. Proibição do artigo 20 da Lei nº 10.259/01. Remoção. Procedimento dos artigos 97 da CF C/C 480 do CPC. Pessoas jurídicas de direito público. Ilegitimidade de ser parte. Juizado Especial Estadual. art. 8º da Lei nº 9.099/95. Conflito conhecido para declarar competente o Juízo de Direito da 3ª Vara Cível.

I – Cabe afirmar a competência desta Corte para dirimir o presente conflito – instaurado entre Juízo de Direito, a quem se atribui a competência constitucional de julgar causas previdenciárias, nos termos do artigo 109, § 3º da Constituição Federal – e Juízo de Direito do Juizado Especial Estadual Cível. Este é o entendimento que se infere do artigo 105, I, d da Constituição Federal, porque, in casu, os juízes em conflito não estão vinculados ao mesmo Tribunal, já que não existe sujeição entre juízes do Juizado Especial Estadual e os TRFs.

II – A literalidade do § 3º do artigo 109 da Constituição Federal deixa certo que à Justiça Estadual foi atribuída a competência excepcional para processar e julgar, no foro do domicílio dos segurados ou beneficiários, exclusivamente, as causas em que forem parte instituição de previdência social e segurado, sempre que a comarca não seja sede de vara federal, como ocorre na hipótese dos autos.

III – O artigo 20 da Lei nº 10.259/01 é claro ao vedar, expressamente, a aplicação da Lei nº 10.259/01 ao juízo estadual. A referida Lei não delegou aos Juizados Especiais Estaduais competência para processar e julgar, nas comarcas que não disponham de Varas Federais, causas em que forem parte instituição de previdência social e segurado, e nem poderia fazê-lo, pois tal atribuição é de cunho constitucional.

IV – A vedação prevista no artigo 20 da Lei nº 10.259/01 somente poderá ser removida se for declarada a sua inconstitucionalidade, no foro e procedimento previstos no artigo 97 da Constituição Federal c/c os artigos 480 e seguintes do Código de Processo Civil. Nenhum Tribunal pode deixar de aplicar a lei, sem declarar-lhe a inconstitucionalidade.

V – A teor do artigo 8º da Lei nº 9.099/95 (aplicável aos Juizados Especiais Federais, por força do artigo 1º da Lei nº 10.259/01), as pessoas jurídicas de direito público não podem ser partes em ação processada perante nos Juizados Especiais Estaduais.

VI – Neste contexto, no caso vertente, como o domicílio do segurado não é sede de Vara Federal, o Juízo Estadual torna-se o competente para processar e julgar o feito, por força da chamada competência federal delegada, de acordo com a inteligência do multicitado artigo 109, § 3° da Constituição Federal, devendo o feito tramitar sob o rito ordinário.

VII – Conflito conhecido para declarar competente o Juízo de Direito da 3ª Vara Cível de Teófilo Otoni – MG." (CC 46672/MG, Relator Ministro Gilson Dipp, Terceira Seção, julgado em 14/02/2005, publicado no DJ 28/02/2005, p. 184).

O segurado poderá, ainda, optar pelo foro da capital:

"Da decisão judicial que confirmar a competência de vara federal de capital de estado-membro para processar e julgar ação relativa a benefício previdenciário de segurado domiciliado sob a circunscrição judiciária de outra vara federal do mesmo estado-membro, não se interporá recurso." (Súmula Administrativa n° 12, de 19/04/2002, DOU n° 77, Seção 1, de 23/04/2002).

Pacífico no STJ que a ação contra o INSS pode ser ajuizada tanto no foro do seu domicílio quanto no da Capital Federal (AgRg no Resp n° 223.797/DF e REsp n° 222.929/SP).

Outro aspecto importante do artigo é que ele define a competência pela proximidade geográfica ("a causa poderá ser proposta no Juizado Especial Federal *mais próximo*"). Leia-se JEF Adjunto mais próximo também. O critério físico adotado tem uma explicação histórica e outra bastante lógica.

A Justiça Federal nasceu afastada geograficamente do interior, pois instalada somente nas capitais dos Estados. Como sabemos, sempre foi e sempre será a distância o maior entrave ao pleno acesso à Justiça. Por isto houve a delegação de competência federal na Constituição – art. 109, § 3° –, e por isto mesmo é que o legislador elegeu critério metajurídico para os JEF, consistente na distância física entre a casa do cidadão e o Juizado autônomo ou adjunto mais próximo de sua residência.

O escopo foi aproximar a Justiça do interessado em seu serviço.

Exemplo prático da aplicação deste entendimento foi a decisão do Conselho de Administração do TRF-4ª Região de permitir aos moradores de Rio Negro, no Estado do Paraná, aforarem suas causas no JEF de Mafra, no Estado de Santa Catarina, pois Rio Negro não é sede de Vara Federal e é limítrofe a Mafra. Da mesma forma, os cidadãos de Porto União/SC poderão atravessar a fronteira estadual e ajuizarem ações no JEF de União da Vitória/PR (a decisão foi tomada em 6 de junho de 2005).

Segundo o Presidente do TRF-4ª Região à época, Desembargador Federal Vladimir Passos de Freitas, "o que se está a fazer é permitir o acesso à Justiça, rompendo com obstáculos formais comuns no passado".

### 20. Artigo 21 – TURMAS RECURSAIS

**Art. 21. As Turmas Recursais serão instituídas por decisão do Tribunal Regional Federal, que definirá sua composição e área de competência, podendo abranger mais de uma seção.**

**§ 1º – Não será permitida a recondução, salvo quando não houver outro juiz na sede da Turma Recursal ou na Região.**

**§ 2º – A designação dos juízes das Turmas Recursais obedecerá aos critérios de antigüidade e merecimento.**

É positiva a norma inibidora da recondução, porque possibilita oxigenar periodicamente o sistema com novas mentalidades, além de, com a renovação dos juízes da Turma, ser concreta a hipótese de mudança da jurisprudência até então formada, em especial no que tange ao direito processual, imutável em sede de pedido de uniformização.

Atualmente, matéria está disciplinada na Resolução nº 108/05 da Presidência do TRF-4ª Região. Foram instituídas Turmas nas cidades de Porto Alegre/RS, Florianópolis/SC e Curitiba/PR, ou seja, duas para cada Seção Judiciária da 4ª Região.

Composta por três juízes, mais dois suplentes, escolhidos por antiguidade e merecimento, é presidida a Turma pelo mais antigo na carreira. O mandato é de 02 anos, a exemplo do de Desembargador Coordenador.

Deverão examinar recursos contra sentenças e medidas liminares positivas. Os recursos, exceto embargos de declaração, estão sujeitos a preparo, inclusive porte de remessa e retorno, independentemente de intimação, nas 48 horas seguintes à interposição, sob pena de serem declarados desertos (nos casos onde não há assistência judiciária gratuita).

O preparo compreenderá todas as despesas processuais, inclusive aquelas relativas ao 1º grau. Custas – Lei nº 9.289/96 "Lei de Custas da JF"[59] – e os valores dos portes são estabelecidos pelo TRF.

As contra-razões do deferimento de medida cautelar ou antecipatória serão oferecidas perante a Turma.

Não se admite recurso adesivo, não cabe recurso especial (Súmula 203 do STJ), ação rescisória e embargos infringentes das decisões por maioria nas Turmas:

"É adequada a limitação dos incidentes de uniformização às questões de direito material. Não cabe ação rescisória no JEF. O artigo 59 da Lei nº 9.099/95 está em consonância com os princípios do sistema processual dos Juizados Especiais, aplicando-se também aos Juizados Especiais Federais". Enunciados ns. 43 e 44, 2º FONAJEF.

## 21. Artigo 22 – COORDENADOR DOS JUIZADOS

**Art. 22. Os Juizados Especiais serão coordenados por Juiz do respectivo Tribunal Regional, escolhido por seus pares, com mandato de dois anos.**

A matéria está disciplinada na Resolução nº 108, do TRF-4ª Região, sendo que o Desembargador exerce a coordenação administrativa dos órgãos dos Juizados, propondo medidas para seu adequado funcionamento. Deve convocar e presidir as sessões da Turma de Uniformização Regional, proferindo voto de desempate.

---

[59] "Não sendo caso de justiça gratuita, o recolhimento das custas para recorrer deverá ser feito de forma integral nos termos da Resolução do Conselho da Justiça Federal, no prazo da Lei nº 9.099/95". Enunciado nº 39, 2º FONAJEF.

No âmbito do TRF-4ª Região, o Coordenador baixou:

"Nos recursos ou incidentes não previstos ou incabíveis no âmbito dos Juizados Especiais Federais, como por exemplo Ação Rescisória, Agravo de Instrumento contra o não recebimento de pedido de uniformização e Correição Parcial, propostos perante a Turma Recursal, as petições poderão ser rejeitadas liminarmente, por meio de despacho direto de seus presidentes, sem a necessidade de distribuição, e colocadas à disposição dos signatários independentemente de anotação ou traslado." Orientação 01/2004.

### 21.1. Parágrafo único – JUIZADOS ITINERANTES

**Parágrafo único. O Juiz Federal, quando o exigirem as circunstâncias, poderá determinar o funcionamento do Juizado Especial em caráter itinerante, mediante autorização prévia do Tribunal Regional Federal, com antecedência de dez dias.**

A autorização legislativa tem por escopo levar o JEF para os locais mais distantes da Subseção Judiciária, onde, por circunstâncias óbvias, a população não tem acesso à Justiça, e, muito menos, recursos para deslocar-se até o local onde é oferecida. Estão, portanto, à margem do aparelho de Justiça, embora paguem indiretamente pelo serviço.

Evidentemente que apenas circunstâncias excepcionais justificarão a saída do aparato para outra localidade. Devemos raciocinar que esta mudança envolverá, pelo menos, duas estadas no local determinado. Uma, para que sejam atendidas e recebidas as pretensões das pessoas interessadas, e outra, para que sejam realizadas as audiências, no prazo mínimo de 30 dias.

A concentração de atos dever ser a máxima possível, sendo a parte-autora já intimada da audiência e, se for o caso, do exame técnico. Os atos de comunicação da parte-ré poderão ser realizados na sede do Juizado, facilitando o trabalho da Secretaria.

Exemplo prático temos com o Juizado Especial de Florianópolis/SC, o qual firmou convênio com a Universidade do Vale do Itajaí – UNIVALI – em junho de 2002. Pelo trato, serão realizadas audiências e atendimento ao público nas dependências do Núcleo de Prática Jurídica da Faculdade de Direito, localizada na cidade de Tijucas. O objetivo foi o de facilitar o acesso da comunidade local à Justiça e também de promover a integração universitária e a prática jurídica.

## 22. Artigo 23 – LIMITAÇÃO DE COMPETÊNCIA

Art. 23. O Conselho da Justiça Federal poderá limitar, por até três anos, contados a partir da publicação desta Lei, a competência dos Juizados Especiais Cíveis, atendendo à necessidade da organização dos serviços judiciários ou administrativos.

Os Juizados Federais nasceram sob o signo da limitação temporal de competência. Foi um importante instrumento para dar tempo aos Tribunais na organização dos Juizados, pois a lei que os criou não trouxe qualquer acréscimo aos quadros orçamentários dos Tribunais, bem como não trouxe um quadro de pessoal que pudesse lotar os novos órgãos judiciais.

Estabelecida inicialmente na Resolução nº 252, de 18 de dezembro de 2001, do Conselho da Justiça Federal, perdurou até o dia 30 de agosto de 2002. Os Tribunais da 3ª e da 4ª Região optaram por delimitar a competência para as causas previdenciárias. Os demais Regionais preferiram trabalhar com competência plena desde o início, o que trouxe dificuldades para todos os envolvidos naquelas regiões.

Devido ao grande número de processos aforados nos Juizados, o Conselho da Justiça Federal editou, posteriormente, a Resolução 275, de 30 de agosto de 2002, dando continuidade à limitação, e, por fim, a Resolução 310, de 4 de abril de 2003, prorrogou os efeitos da Resolução 252 até 13 de julho de 2004, completando os três anos dados pela Lei nº 10.259/01 aos Tribunais Regionais Federais que optaram pela limitação de competência.

## 23. Artigo 24 – APERFEIÇOAMENTO DE PESSOAL

Art. 24. O Centro de Estudos Judiciários do Conselho da Justiça Federal e as Escolas de Magistratura dos Tribunais Regionais Federais criarão programas de informática necessários para subsidiar a instrução das causas submetidas aos Juizados e promoverão cursos de aperfeiçoamento destinados aos seus magistrados e servidores.

Foi elaborado um Projeto de Informatização em dezembro de 2001, inclusive com documentos padronizados (petições iniciais, formulários para as provas, de citações, intimações, recursos e banco de sentenças). Os cursos também são uma realidade necessária, mormente porque o trabalho no JEF implica uma mudança radical de mentalidade, tanto para julgar, quanto para o tramitar do processo em Secretaria.

Outrossim, o Conselho da Justiça Federal, por meio da Resolução nº 315, de 23 de maio de 2003, criou a Comissão Permanente dos Juizados Especiais Federais, incumbida de acompanhar a implantação e o funcionamento dos juizados, cabendo-lhe propor medidas para a melhoria dos trabalhos forenses.

## 24. Artigo 25 – INSTALAÇÃO DOS JUIZADOS

Art. 25. Não serão remetidas aos Juizados Especiais as demandas ajuizadas até a data de sua instalação.

A norma é benfazeja. Seria muito difícil "adaptar" os processos submetidos aos procedimentos do CPC, uma vez que os trâmites da Lei nº 10.259/01 são diversos e com peculiaridades muito próprias. A propósito:

"Agravo regimental. Processo Civil. Conflito de competência. Juizado Especial Federal. Ação ajuizada antes da instalação. manutenção da competência do Juízo Estadual. Precedente da terceira seção.

I – O art. 25 da Lei nº 10.259/01, que dispõe sobre a instituição dos Juizados Especiais Cíveis e Criminais no âmbito da Justiça Federal, estabelece expressamente que não serão remetidas aos Juizados Especiais as demandas ajuizadas até a data de sua instalação.

II – Tal medida tem por objetivo impedir o abarrotamento dos recém instalados juizados especiais federais.

III – Na hipótese dos autos, a ação previdenciária foi ajuizada antes da instalação do juizado especial federal, devendo ser aplicada, portanto, a regra do art. 25 da Lei nº 10.259/01. Precedente da Terceira Seção. Agravo regimental desprovido." (STJ, AgRg no CC 52387/SP, Relator Ministro Félix Fischer. Terceira Seção, julgado em 14/12/2005, publicado no DJ 06/02/2006, p. 196).

## 25. Artigo 26 – SUPORTE ADMINISTRATIVO

Art. 26. Competirá aos Tribunais Regionais Federais prestar o suporte administrativo necessário ao funcionamento dos Juizados Especiais.

Como não houve orçamento específico para instalação dos JEF, os TRFs deverão alterar a programação econômica adotada, visando prestar efetivamente o suporte necessário aos JEFs.

## 26. Artigo 27 – *VACATIO LEGIS*

Art. 27. Esta Lei entra em vigor seis meses após a data de sua publicação.

A *vacatio legis* foi importantíssima para dar tempo aos TRFs na organização, estruturação e regulamentação dos JEFs, tanto é que os primeiros juizados nas capitais passaram a funcionar somente a partir de janeiro de 2002.

# Segunda Parte

## JUIZADOS ESPECIAIS FEDERAIS CRIMINAIS

**Jairo Gilberto Schäfer**
Juiz Federal da Primeira Turma Recursal
Seção Judiciária de Santa Catarina

## DISPOSIÇÃO LEGAL. Artigo 2º, Lei nº 10.259/2001

Compete ao Juizado Especial Federal Criminal processar e julgar os feitos de competência da Justiça Federal relativos às infrações de menor potencial ofensivo. Parágrafo único. Consideram-se infrações de menor potencial ofensivo, para os efeitos desta Lei, os crimes a que a lei comine pena máxima não superior a dois anos, ou multa.

### 1. A aplicação subsidiária da Lei nº 9.099/95

No âmbito do juizado especial federal criminal, optou o legislador da Lei nº 10.259/2001 pela manutenção do sistema adotado pela Lei nº 9.099/95, não trazendo outras inovações que não a alteração do conceito de crime de menor potencial ofensivo. Correta a postura do legislador, uma vez que as disposições criminais da Lei nº 9.099/95 traduzem um avanço inquestionável no âmbito da persecução penal, demonstrando-se, concretamente, eficientes e adequadas aos fins propostos.

Porém, perdeu o legislador oportunidade de resolver graves problemas enfrentados pela jurisprudência no que se refere a alguns institutos dos juizados especiais criminais, como, por exemplo, o descumprimento, pelo autor dos fatos, da pena alternativa lhe imposta em virtude da aceitação da transação penal. Trata-se esta de uma questão extremamente difícil, cuja solução não encontra local adequado na Lei nº 9.099/95. Assim, mantendo-se a estrutura dos juizados criminais estabelecida na Lei subsidiária, os questionamentos hoje existentes deveriam ter sido superados pela inovação legislativa. Como isso não foi feito, resta à jurisprudência federal enfrentar novamente todas estas questões difíceis, concedendo-lhes adequada formatação concreta.

Como se verá oportunamente, as duas fases do procedimento dos Juizados Especiais Criminais (consensual e litigiosa) filiam-se à moderna doutrina que postula um direito penal eficiente, moderno e ágil, fazendo a mediação entre os direitos individuais do cidadão e a necessária prevenção social decorrente da aplicação da sanção penal. Num primeiro momento, privilegia-se a consensualidade; num segundo, determina-se um rito processual adequado ao conceito de criminalidade de menor potencial ofensivo. Assim, a aplicação na Justiça Federal de uma experiência que se mostrou eficaz na Justiça Estadual é medida salutar, devendo o intérprete, neste caso, valer-se em sua integralidade do princípio da subsidiariedade.

## 2. Conceito de infração de menor potencial ofensivo. A competência dos Juizados Especiais Federais Criminais

Compete à Justiça Federal, nos termos do art. 109 da Constituição Federal, processar e julgar, no âmbito criminal:

a) os crimes políticos e as infrações penais praticadas em detrimento de bens, serviços ou interesse da União ou de suas entidades autárquicas ou empresas públicas, excluídas as contravenções e ressalvada a competência da Justiça Militar e da Justiça Eleitoral;

b) os crimes previstos em tratado ou convenção internacional, quando, iniciada a execução no País, o resultado tenha ou devesse ter ocorrido no estrangeiro, ou reciprocamente;

c) as causas relativas a direitos humanos a que se refere o § 5º deste artigo;

d) os crimes contra a organização do trabalho e, nos casos determinados por lei, contra o sistema financeiro e a ordem econômico-financeira;

e) os *habeas corpus*, em matéria criminal de sua competência ou quando o constrangimento provier de autoridade cujos atos não estejam diretamente sujeitos a outra jurisdição;

f) os crimes cometidos a bordo de navios ou aeronaves, ressalvada a competência da Justiça Militar;

g) os crimes de ingresso ou permanência irregular de estrangeiro.

Dentre essa discriminação material constitucionalmente estabelecida à Justiça Federal, aos Juizados Especiais Federais compete o processamento e julgamento dos crimes de menor potencial ofensivo. Infração de menor potencial ofensivo, na definição da lei dos Juizados Especiais Federais (art. 2°, parágrafo único, Lei n° 10.259/2001), é toda aquela cuja pena máxima não seja superior a dois anos, ou multa, independentemente de outras características intrínsecas.

O primeiro questionamento refere-se à utilização da conexão *ou* quando da referência à pena de multa. Quis o legislador excluir da competência dos Juizados Especiais Federais Criminais os crimes nos quais se comine pena privativa de liberdade e multa (concomitantemente)? Em sendo cominada a multa, abstratamente, como pena alternativa, são competentes os Juizados Especiais Criminais independentemente da pena privativa de liberdade imposta (ex.: art. 4° da Lei n° 8.137/90, que trata dos crimes contra a ordem econômica e as relações de consumo: pena – reclusão de 2 a 5 anos, *ou* multa)?

A interpretação sistêmica a este dispositivo legal impõe as seguintes considerações:

a) a utilização do conectivo "*ou*" em nada altera a essência da pena de multa, uma vez que ela, nas situações de cumulatividade (*e* multa), é nitidamente acessória à pena principal, que é a privativa de liberdade, devendo necessariamente seguir a sua sorte. Ou seja, se a pena privativa de liberdade (pena principal), abstratamente considerada, for da competência dos Juizados Especiais Criminais, mostra-se irrelevante o fato de a pena de multa ser aplicada cumulativamente, em virtude de seu caráter dependente. Nessas hipóteses de cumulatividade, o que fixa a competência dos juizados especiais é a pena mais grave, privativa de liberdade;

b) à segunda questão, quando a pena de multa for hipótese alternativa, como no exemplo susomencionado, não é possível concluir pela irrelevância da pena privativa de liberdade, uma vez que a competência dos Juizados Especiais Criminais é fixada tendo-se em vista a pena máxima possível de ser aplicada ao fato delituoso. É, portanto, um juízo *prima facie*. Assim, nesta visão, a pena máxima que pode ser aplicada ao autor dos fatos é a pena privativa de liberdade. A aplicação de uma alternativa (pena de multa) é juízo a ser feito *a posteriori*, ou seja, quando da concretização da pena, pressupondo, portanto, a existência do devido processo legal.

Mostra-se assim, quando da fixação da competência dos Juizados Especiais Criminais, determinante a pena privativa de liberdade abstratamente cominada, não sendo lícito concluir-se que a simples utilização, pelo legislador, do conectivo "*ou*" possa levar à conclusão de que serão infrações de menor potencial ofensivo todas aquelas em que haja cominação da pena de multa como pena alternativa. O conceito de infração de menor potencial ofensivo, como causa de fixação da competência dos Juizados Especiais Criminais, pressupõe o conhecimento da pena máxima cominada ao delito. No caso em apreço, *prima facie*, a pena máxima cominada à infração é a pena privativa de liberdade, que deve ser considerada para fins de fixação da competência jurisdicional.[1] E se a pena abstratamente cominada for *somente* a pena de multa? Nestes casos, não haverá dúvidas no sentido de tratar-se de fato de competência dos Juizados Especiais Criminais, sendo este o objetivo da utilização do conectivo *ou* pelo legislador. Pode-se, a partir do que se disse, concluir:

a) a pena abstratamente cominada ao delito é privativa de liberdade e/ou multa: considera-se, para fins de competência, a *pena privativa de liberdade*, sendo irrelevante, neste momento, a pena de multa prevista ou sua natureza jurídica;

b) a pena abstratamente cominada ao delito é *somente* multa: a competência *sempre* será dos Juizados Especiais Criminais.

Percebem-se, ainda, duas diferenças essenciais relativamente à Lei nº 9.099/95. A primeira refere-se à ampliação do conceito de criminalidade de menor potencial ofensivo, abarcando crimes antes não previstos. Com efeito, a lei dos juizados especiais estaduais prevê como sendo criminalidade de menor potencial ofensivo aquele delito cuja pena máxima não for superior a um ano.

A indagação que surge é a seguinte: aplica-se aos crimes da competência da Justiça Estadual este novo conceito de

---

[1] Nesse sentido, colhem-se os seguintes precedentes jurisprudenciais: STF, HC 84719, Segunda Turma, Rel. Min. Joaquim Barbosa, DJ 11/02/2005, p. 17, EMENT VOL. 2179-02, p. 241, LJSTF, v. 27, nº 317, 2005, p. 423-431; STJ, Rel. Min. Paulo Medina, Sexta Turma, RESP 623617. DJ 17/12/2004, p. 616.

criminalidade de menor potencial ofensivo? Não obstante o disposto no artigo 2º, parágrafo único (*para os efeitos desta lei*), da Lei nº 10.259/2001, a resposta somente pode ser positiva. É que para um mesmo valor constitucional (menor potencial ofensivo) não pode haver dois conceitos infraconstitucionais distintos. O que seja menor potencial ofensivo deve ser um conceito unívoco. Como se trata de instituto ligado ao direito penal material, é questão de ordem pública, por atingir diretamente o *jus puniendi* estatal.

A interpretação jurídica que leva o intérprete a conclusões absurdas não se mostra válida. Assim, a título de exemplo: a prática de crime no interior de uma aeronave, que é de competência da Justiça Federal (art. 109, IX, CF), é de menor potencial ofensivo; o mesmo crime, agora praticado em via pública, competência da Justiça Estadual, não é considerado crime de menor potencial ofensivo. Evidentemente, a questão da competência, tão-somente ela, não pode ser o elemento caracterizador do conceito de menor potencial ofensivo. Antes, o conceito deve ser buscado pelo legislador na própria lesividade social da conduta.[2]

Esse problema doutrinário restou superado com o advento da Lei nº 11.313/2006, a qual altera a redação original do artigo 61 da Lei nº 9.099/95: consideram-se crimes de menor potencial ofensivo as contravenções penais e os crimes a que a lei comine pena máxima não superior a dois (02) anos, cumulada ou não com multa.

A segunda questão refere-se à inexistência de restrições quanto à diversidade procedimental. Na lei aplicável à Justiça Federal, o conceito de menor potencial ofensivo aplica-se a todos os crimes, independentemente do rito processual a que se encontra ele submetido. Andou bem o legislador ao assim dispor. Com efeito, não se compreendia o motivo de a Lei nº 9.099/95 ter excluído de sua incidência os crimes submetidos a procedimentos especiais. Poder-se-ia argumentar que esta exclusão tinha por objetivo não trazer aos Juizados Especiais Criminais questões de maior complexidade, incompatíveis com os princípios norteadores do instituto.

---

[2] Nesse sentido: STF, AI-AgR 575376, Rel. Min. ELLEN GRACIE, Segunda Turma, DJ 17/03/2006, p. 40; STJ, Rel. Min. José Arnaldo da Fonseca, Quinta Turma, RESP 613492, DJ 23/08/2004, p. 270; STJ, Rel. Min. Felix Fischer, Corte Especial, AÇÃO PENAL 390, DJ 08/08/2005, p. 175;

Esta argumentação, porém, não se mostra válida no momento em que se constata a existência, no procedimento dos Juizados Especiais Criminais, de duas fases absolutamente distintas: a fase da conciliação e a fase da litigiosidade. Na primeira fase, na qual se resolve a grande maioria dos processos, com a aplicação do instituto da transação penal, a eventual complexidade do crime não se mostra relevante, sendo, portanto, aplicável a todos os crimes, desde que de menor potencial ofensivo. De outro lado, eventual complexidade probatória pode gerar a incompetência dos Juizados Especiais Criminais, consoante disposto no art. 77, § 2º, da Lei nº 9.099/95.[3] Todavia, com a superveniência da Lei nº 11.313/06 esta causa de exclusão da competência dos juizados especiais estaduais deixou de existir: é infração de menor potencial ofensivo o crime a que a lei comine pena máxima não superior a 2 (dois) anos, submetidos ou não a procedimentos especiais.

### 3. Do termo circunstanciado. Competência para sua lavratura

O termo circunstanciado, mencionado pelo artigo 69 da Lei nº 9.099/95,[4] não guarda similitude com o tradicional inquérito policial (artigo 4º do Código de Processo Penal). O procedimento dos Juizados Especiais Criminais é basilado pelos princípios da informalidade e da celeridade.

Coerente com esta filosofia, o termo circunstanciado, igualmente, deve ser concebido como um instrumento de efetividade do direito penal. As formalidades são afastadas para que se preocupe a autoridade policial com os verdadeiros objetivos da investigação, tendo-se em vista ser o objeto de

---

[3] No âmbito da Justiça Estadual, a submissão a procedimento especial é causa de incompetência dos juizados especiais, na dicção do Supremo Tribunal Federal (HC 86102, Rel. Min. EROS GRAU, Primeira Turma, DJ 03/02/2006, p. 32; HC 86843, Rel. Min. SEPÚLVEDA PERTENCE, Primeira Turma, DJ 17/02/2006, p. 59), não havendo, nesse particular, alteração em decorrência da superveniência da Lei nº 10.259/2001.

[4] "Art. 69. A autoridade policial que tomar conhecimento da ocorrência lavrará termo circunstanciado e o encaminhará imediatamente ao Juizado, com o autor do fato e a vítima, providenciando-se as requisições dos exames periciais necessários".

estudo uma infração de menor potencial ofensivo. Assim, o termo circunstanciado será uma simples peça informativa na qual constem elementos mínimos à identificação do crime e de sua autoria. Deve-se ter em mente que a grande maioria dos casos dos Juizados Especiais Criminais resolve-se ainda na fase preliminar, no âmbito da consensualidade, para a qual a robustez dos elementos investigatórios não se mostra determinante. Eventual denúncia do Ministério Público terá por base a prova colhida no termo circunstanciado, sendo o processo judicial o palco adequado para a produção definitiva, escorreita, inquestionável, da prova criminal.

Em o Ministério Público entendendo insuficientes os elementos probatórios colhidos no termo circunstanciado, o procedimento a ser adotado é aquele mencionado no artigo 77 da Lei nº 9.099/95, mas somente quando se tratar de *diligências imprescindíveis* ao oferecimento da denúncia. É que todas as demais diligências necessárias à elucidação do fato delituoso, que não imprescindíveis ao oferecimento da denúncia, serão produzidas durante a instrução criminal, se deferidas pelo Juiz. Portanto, não se pode transformar o termo circunstanciado naquilo que ele não é, ou seja, um inquérito policial, pois com isso se estaria ferindo o espírito dos Juizados Especiais Criminais.

A informalidade do termo circunstanciado somente encontra limites no seu próprio escopo, que é municiar o Ministério Público de elementos mínimos para instaurar ação penal: indícios suficientes de autoria e materialidade.

A questão referente à competência para instaurar/lavrar o termo circunstanciado parece-nos uma falsa controvérsia. A primeira questão que deve ser assentada é que termo circunstanciado não é inquérito policial. O inquérito policial é ato privativo do Delegado de Polícia Federal, no caso da Justiça Federal (artigo 144, § 1º, IV, CF). O termo circunstanciado, porém, em virtude de suas características de informalidade e de celeridade, antes referidas, pode ser lavrado por qualquer autoridade pública dotada de poder de polícia.

Ou seja, as informações preliminares, que servirão de base para a prática dos atos inerentes aos Juizados Especiais Criminais, não decorrem necessariamente de ato privativo da autoridade policial em seu sentido tradicional (Delegado de Polícia). A Polícia Militar Ambiental, a título de exemplo, no exercício de suas atribuições constitucionais, tem plena competência para lavrar o termo circunstanciado em matéria ambiental, prescindindo-se da remessa das peças à Polícia Federal. A exigência de semelhante procedimento (exclusividade para lavratura do termo circunstanciado) burocratizaria excessivamente o procedimento que ontologicamente prima pela informalidade e pela celeridade.[5]

De outro lado, plenamente aplicável aos Juizados Especiais Criminais o disposto no artigo 12 do Código de Processo Penal, que dispensa a prévia existência de procedimento investigatório formal na hipótese de o Ministério Público embasar-se em quaisquer outras provas lícitas.

A conclusão, portanto, é no sentido da não-exclusividade quanto à competência para lavratura do termo circunstanciado, em virtude da incidência dos princípios informadores dos Juizados Especiais Criminais.[6]

### 4. A fase consensual

A fase consensual do procedimento dos Juizados Especiais Criminais é aquela que deve merecer maior atenção dos operadores jurídicos, por traduzir a essência desta espécie inovadora de justiça criminal. Com efeito, é na fase preliminar que se resolverá a grande maioria das infrações de menor potencial ofensivo, evitando-se os efeitos deletérios de um processo criminal. O Juiz Federal, o Procurador da República e os Advogados devem estar imbuídos do espírito da lei dos Juizados Especiais, que representa uma verdadeira ruptura dos paradigmas tradicionais da justiça penal. Não é possível manejar esta nova modalidade de justiça com o mesmo arca-

---

[5] "O termo circunstanciado, em virtude de suas características de informalidade e de celeridade, pode ser lavrado por qualquer autoridade pública dotada de poder de polícia. A Polícia Militar Ambiental, no exercício de suas atribuições constitucionais, tem plena competência para lavrar o termo circunstanciado em matéria ambiental, prescindindo-se da remessa das peças à Polícia Federal" (Turma Recursal da Seção Judiciária de Santa Catarina, processo nº 2005.72.95.004386-6, julgado em 14/06/2004, decisão unânime).

[6] Nesse sentido, colhem-se precedentes jurisprudenciais: STJ, HC 7199, Rel. Min. Vicente Leal, Sexta Turma, decisão unânime, DJ 28/09/1998, p. 115; Turma Recursal da Seção Judiciária de Santa Catarina, processo nº 200572950043866, julgado em 14/07/2004, decisão unânime.

bouço teórico utilizado quando da solução da criminalidade tradicional. Os operadores jurídicos devem ser instrumentos de efetividade e, acima de tudo, de solução definitiva (social e jurídica) dos litígios que lhes são submetidos.

A consensualidade pressupõe a ponderação entre os valores litigiosos, numa clara relação de perda e ganho, a ser efetuada pelas partes (ofendido e Ministério Público). A ponderação, enquanto técnica adequada de superação de conflitos entre posições jurídicas, deve presidir a aplicação das normas constitucionais, tendo-se por objetivo a obtenção de uma concordância prática entre os vários bens e direitos protegidos constitucionalmente, independentemente de serem veiculados através de princípios ou através de regras. A idéia de ponderação surge sempre que houver a necessidade de escolher-se o direito adequado à solução de uma situação conflituosa entre bens constitucionalmente protegidos: os direitos fundamentais, em virtude da característica preponderante de interligação sistêmica, não raras vezes, entram em rota de colisão inevitável, percebendo-se que a fruição de uma posição jurídica acaba por invadir outra posição jurídica ou influenciar, negativa ou positivamente, a carga de eficácia de direitos individuais e/ou coletivos. Nesses casos, compete ao intérprete obter a concordância prática entre os vários direitos, buscando atingir um fim constitucionalmente útil.

Abre-se mão de alguns direitos (contraditório processual, produção probatória, etc.) para atingir um objetivo maior, finalização do processo/procedimento criminal. O consenso, assim, implica solução razoavelmente adequada para todas as partes envolvidas.

Reza o artigo 72 da Lei nº 9.099/95 que, na audiência preliminar, o Juiz esclarecerá sobre a possibilidade da composição dos danos e da aceitação da proposta de aplicação imediata de pena não-privativa de liberdade (transação penal). Esta audiência, que ocorre antes da instauração de processo penal, pauta-se pelos princípios da informalidade, oralidade e, principalmente, consensualidade. Tem por objetivo prevenir a ação penal, atribuindo ao litígio uma solução que não se coaduna com o conceito tradicional de sanção penal, decorrente de uma sentença penal condenatória.

### 4.1. Transação penal: conceito

A transação penal nada mais é do que um acordo efetuado entre Ministério Público e autor dos fatos, que implica aceitação do imediato cumprimento da pena não-privativa de liberdade por parte do autor dos fatos, independentemente de um processo criminal. Nisso reside a essência consensual da transação penal: o Ministério Público deixa de instaurar processo criminal contra o autor dos fatos em troca da aceitação, pelo beneficiado, do cumprimento imediato de uma pena privativa de liberdade. O segundo abre mão de seu direito de somente cumprir pena criminal após o trânsito em julgado de uma sentença penal condenatória; o primeiro deixa de efetuar denúncia criminal ao Poder Judiciário, contentando-se com a aplicação de uma pena imediata e reduzida (não-privativa de liberdade).

### 4.2. Transação penal: direito subjetivo do autor dos fatos?

Há divergência doutrinária e jurisprudencial quanto à natureza jurídica do instituto da transação penal: trata-se de um direito subjetivo do réu ou, ao contrário, de uma faculdade exclusiva do Ministério Público? A questão se revela quando da apresentação de solução para eventual divergência quanto à aplicação do instituto da transação penal, apontando-se as seguintes hipóteses:

a) *A questão deve ser resolvida exclusivamente no âmbito do Ministério Público.* Segundo esta corrente doutrinária, a proposta de transação penal é matéria que diz respeito unicamente à titularidade da ação penal. Dessa forma, por implicar a transação penal renúncia ao direito de ação, a concordância do Ministério Público, titular da ação penal, é elemento essencial ao próprio instituto. Em havendo, concretamente, divergência entre Ministério Público, autor dos fatos e Magistrado quanto à aplicação da transação penal, a questão deve ser resolvida pela aplicação analógica do artigo 28 do Código de Processo Penal, ou seja, remetendo-se os autos para o Procurador-Geral da República para decisão. Em concordando o Procurador-Geral da República com o Procurador da República que oficia no feito, a transação penal não será aplicada, seguindo o procedimento o seu caminho legal; em decidindo o Procurador-Geral da República pela possibilidade da aplicação da transação penal, indicará um novo Procurador da República para que efetue a oferta.[7]

b) *A questão deve ser resolvida pelo Poder Judiciário, independentemente de provocação das partes.* Para esta corrente interpretativa, o juízo sobre a incidência da transação penal é exclusivamente judicial. Cabe ao Magistrado revisar a postura do Ministério Público quando da proposta, ou não, da transação penal. Por ser função jurisdicional típica, independe inclusive de provocação do autor dos fatos. Em decidindo o Magistrado pela presença dos requisitos legais para a aplicação do instituto da transação penal, simplesmente designará uma audiência para este fim, mesmo com a discordância do Ministério Público, que fará o controle da legalidade da decisão através dos recursos cabíveis.

c) *A questão deve ser resolvida pelo Poder Judiciário, após provocação do autor dos fatos.* Sustenta-se esta linha doutrinária no princípio constitucional da inafastabilidade da apreciação judicial (artigo 5°, XXXV, CF). Com efeito, havendo divergência entre o Ministério Público e o autor dos fatos quanto à incidência da transação penal, cabe ao Poder Judiciário, mediante provocação de uma das partes, decidir definitivamente a questão, sendo-lhe esta uma de suas funções típicas. O controle da legalidade da decisão do Juiz será efetuado pelo Tribunal Recursal, mediante o manejo dos recursos aplicáveis à espécie.

A terceira orientação ("*c*") é a que melhor soluciona a questão proposta, uma vez que permite ao Poder Judiciário manejar adequadamente a solução dos litígios concretos que lhe são submetidos. Evita os inconvenientes do agir sem provocação e transforma a questão em assunto jurisdicional, que é o palco adequado à solução deste litígio.

A primeira opção ("*a*"), não obstante acolhida pelo STF e pelo STJ, peca por retirar do Poder Judiciário a possibilidade de revisão de um direito, que é a transação penal, deixando

---

[7] STF, RE 296.185, Rel. Min. Néri da Silveira, 20.11.2001; STJ, REsp 818914, Rel. Min. Gilson Dipp, Quinta Turma, DJ 05/06/2006, p. 317; HC 43512, Rel. Min. Nilson Naves, Sexta Turma, DJ 10/04/2006 p. 303.

o cidadão irremediavelmente submetido à vontade do Estado-administração. A consolidação do *judicial control* é indicação de amadurecimento democrático de uma Nação, não podendo ser suprimido sob pena de ofensa às diretrizes fundamentais de nossa Constituição Federal. Qual seria a solução para a hipótese de o Procurador-Geral da República, por razões puramente discricionárias, ratificar a negativa de oferecimento da proposta de transação penal quando claramente presentes os pressupostos legais? Não se compreende a utilização analógica de um instituto do processo penal que tem, em verdade, por objetivo a solução de um problema que é interno ao Ministério Público, qual seja, manejo ou não da ação penal: somente o titular de um direito (no caso, direito de ação) é que pode decidir sobre a utilização ou não desse direito. Essa solução processual encontra amparo na teoria principiológica dos direitos fundamentais: se o Ministério Público insiste no arquivamento do inquérito policial, os direitos do cidadão investigado estarão plenamente assegurados, não havendo nenhuma pretensão resistida; oferecida a denúncia contra o cidadão, o acesso à jurisdição, mediante o devido processo legal, resguardará seus direitos.

Não é o que ocorre na transação penal: a omissão (não-oferecimento de denúncia/não-oferecimento de proposta de transação penal), que no arquivamento é conforme aos interesses do cidadão-investigado, aqui se mostra amplamente desfavorável, pois lhe imporá a submissão ao processo, com todas as agruras que o acompanham. A aplicação do disposto no art. 28 do CPP na transação penal encerra uma interpretação contra os direitos fundamentais:[8] gera um círculo de imunidade do poder estatal não conhecido no Estado de Direito, o qual designa, segundo Ferrajoli,[9] somente os ordenamentos nos quais o poder público é submetido substancialmente à lei, vale dizer, não somente quanto à forma, mas também quanto

---

[8] A dimensão objetiva dos direitos fundamentais e seu caráter de elemento essencial do ordenamento jurídico, impõem aos orgãos judiciais, ao aplicar a norma penal, a obrigação de ter presente o conteúdo constitucional dos directos fundamentais, "impidiendo reacciones punitivas que supongan un sacrificio innecesario o desproporcionado de los mismos o tengan un efecto disuasor o desalentador del ejercicio de los derechos fundamentales en juego" (Tribunal Constitucional espanhol, STC 185/2003, de 27 de outubro de 2003).

[9] Lo stato di diritto fra passato e futuro, p. 349. In: COSTA, Pietro; ZOLO, Danilo (org.). *Lo stato di diritto*. Milano: Feltrinelli, 2002.

ao conteúdo, o que corresponde às democracias modernas, nas quais a totalidade do poder é vinculado ao respeito dos princípios basilares estabelecidos pela Norma Constitucional, como a divisão dos poderes e os direitos fundamentais.

Sabe-se que o controle é inseparável do próprio conceito de Estado de Direito: o controle judicial, ao lado do controle político, é de caráter objetivo, que se efetua de acordo com as razões jurídicas, de maneira necessária, e por um órgão independente e imparcial (que não busque satisfazer interesses próprios ao executar o controle). A imparcialidade decorre do fato de o controle jurídico ser delegado a órgãos que mantêm distância do objeto litigioso (terciariedade), em regra os Tribunais.

Ou seja: à concepção de Estado de Direito, conforme consta na Constituição brasileira, é inafastável a idéia-força de controle judicial do poder estatal, situação que se mostra reforçada pela adoção do princípio republicano. Quanto maior a concretização do Estado de Direito, menores os círculos de imunidades do poder estatal. Para Jorge Miranda, a garantia da constitucionalidade determina a prevalência da norma constitucional sobre outras normas ou decisões do poder, traduzindo, ao fim, uma garantia de efetividade da Constituição como um todo.[10] Isso implica dizer que a totalidade dos atos do poder público encontra-se estritamente submetida à norma constitucional, sendo irrelevantes, nesse passo, eventuais características intrínsecas desses mesmos atos.[11]

A transação penal, em virtude de seus efeitos na pretensão punitiva estatal, confundindo-se indissociavelmente com o próprio conceito de crime (direito material), é um direito subjetivo do autor dos fatos.[12] Explica-se: uma vez presentes os pressupostos legais autorizadores do benefício, não fica ao exclusivo arbítrio do Ministério Público a aplicação, ou não,

---

[10] *Manual de Direito Constitucional*. Coimbra: Coimbra, 2001, t. VI, p. 46.

[11] Sobre a relação do princípio da legalidade com o estabelecimento de um controle judicial dos atos do poder público, veja-se FERNANDEZ SEGADO, Francisco. *El sistema constitucional español*. Madrid: Dykinson, 1992, p. 705 e ss.

[12] Nesse sentido, STJ, Rel. Min. José Arnaldo da Fonseca, Quinta Turma, HC 37888, DJ 08/11/2004, p. 267. Em outra oportunidade, assim decidiu o STJ: "Havendo elementos que, em tese, justifiquem a transação penal, o exame do caso deve ser feito à luz dos textos legais pertinentes; defeso, portanto, deixar o Ministério Público de fazê-lo ao abrigo de eventual poder discricionário" (Rel. Min. Nilson Naves, Sexta Turma, HC 36557, DJ 02/05/2005, p. 419.

do instituto. É que, traduzindo-se a transação penal em um direito público concedido pela norma penal, não se mostra proporcional que a decisão sobre sua incidência concreta seja delegada, exclusivamente, à parte contrária na relação jurídica (Ministério Público), submetendo integralmente a outra parte a sua vontade, alcançando foros de pretensão potestativa.

Em seu sentido amplo, quer significar o princípio da proporcionalidade a proibição do excesso: restrições a direitos somente podem ser efetuadas em havendo estrita necessidade para preservação de outras posições constitucionalmente protegidas. Ao restringir um direito fundamental, está obrigado o intérprete a escolher a limitação que, atingindo o fim perseguido, imponha menor ofensa ao direito objeto da restrição. A escolha de uma solução pelo legislador ou pelo intérprete pode ser declarada inadequada na hipótese de existirem outras, menos gravosas, que igualmente atingiriam a finalidade pretendida. Não é possível separar do conceito de adequação o controle do que seja uma solução adequada para aquele caso concreto. Em outras palavras: uma solução que, em tese, é proporcional, pode deixar de sê-lo no momento em que comparada, no caso concreto, com outras soluções possíveis e eficazes, que se mostram menos ofensivas aos direitos fundamentais. O direito fundamental da tutela judicial, na dicção do Tribunal Constitucional espanhol, comporta, como "*contenido esencial y primario, el de obtener de los órganos jurisdiccionales integrantes del Poder Judicial una resolución razonada y fundada en Derecho sobre el fondo de las pretensiones oportunamente deducidas por las partes*".[13] Conclusivamente: eventual divergência quanto à incidência, ou não, dos pressupostos legais da transação penal deve ser decidida pelo Poder Judiciário.

A segunda corrente doutrinária (b) não se mostra a melhor solução, uma vez que determina ao Magistrado agir de ofício, independentemente da provocação das partes, situação que contraria a própria função jurisdicional.

O problema, assim, fica adequadamente solucionado adotando-se o seguinte procedimento prático:

---

[13] STC 211/2002, de 11 de novembro de 2002.

a) o Ministério Público manifesta-se pela não-aplicação do instituto da transação penal, ante a ausência, no seu entender, dos pressupostos legais;

b) o Juiz determina vista ao autor dos fatos (defensor) desta manifestação do Ministério Público;

c) em não havendo contrariedade por parte do autor dos fatos quanto à posição ministerial, os autos seguirão o procedimento legalmente estabelecido;

d) na hipótese de o autor dos fatos não se conformar com a manifestação do Ministério Público, deverá requerer decisão judicial sobre o incidente, colacionando seus argumentos;

e) o Juiz, então, decidirá pela aplicação, ou não, do instituto da transação penal, cabendo à parte sucumbente, em havendo interesse, recorrer do decidido.

### 4.3. Conseqüências jurídico-penais da aceitação, pelo autor dos fatos, da transação penal

A aceitação, pelo autor dos fatos, da proposta de aplicação imediata de pena não-privativa de liberdade, efetuada pelo Ministério Público, não importará em confissão quanto aos fatos veiculados no termo circunstanciado. Em verdade, trata-se de um acordo para não contender, no qual o autor dos fatos aceita o imediato cumprimento de uma sanção tão-somente para não haver, contra si, processo criminal. Não se podem extrair da aceitação da transação penal outros efeitos que não aqueles determinados pela Lei nº 9.099/95. A homologação, pelo Juiz, do acordo entre as partes não se constitui em sentença penal condenatória, não se podendo, em conseqüência, irradiar do ato mais eficácia do que possui.

Diz a lei que a aceitação da proposta de transação penal não determinará reincidência, sendo registrada *apenas* para impedir novamente o mesmo benefício no prazo de cinco anos (art. 76, § 4º, Lei nº 9099/95). Isso quer dizer: o fato de o beneficiado aceitar a transação penal, submetendo-se à pena não-privativa de liberdade, não significa que sobre ele pesará uma condenação, mas tão-somente que houve uma composição pré-processual para pôr fim ao litígio.

Por isso, a única conseqüência penal decorrente da aceitação da transação penal é a impossibilidade de concessão de novo benefício, por outro fato, no período de cinco anos. A transação penal não pode ser considerada como antecedente criminal, pois não houve apreciação judicial do fato. O juiz apenas homologa o acordo entre Ministério Público e autor da infração. Veja-se o disposto no § 6º do artigo 75 da Lei mencionada: *A imposição da sanção de que trata o § 4º deste artigo [transação penal] não constará de certidão de antecedentes criminais, salvo para os fins previstos no mesmo dispositivo, e não terá efeitos civis, cabendo aos interessados propor ação cabível no juízo cível.*

Na prática, isso determina a criação, pelo Poder Judiciário, de um cadastro processual específico para os procedimentos nos quais houve a aplicação da transação penal, para o fim único de controlar a não-concessão de novo benefício a quem já foi destinatário do privilégio legal.

A sentença homologatória do acordo de transação penal *não constitui*:

a) *Título executivo penal*: como se verá posteriormente, a sentença que homologa o acordo não poderá ser executada criminalmente quando de eventual descumprimento do pactuado pelo autor dos fatos (vide item 4.4);

b) *Declaração de culpa do autor dos fatos*: o fato de o beneficiado aceitar a transação penal apenas significa que não deseja litigar no âmbito do processo criminal, nada mais do que isso. A sentença que homologa o acordo não pode, futuramente, no feito em que foi proferida ou em outros, ser tida como prova da confissão do autor quanto aos fatos;

c) *Antecedente criminal desfavorável ao autor dos fatos*: a aceitação da proposta de transação penal, que é ato consensual, não pode em nenhuma hipótese ser considerada futuramente como antecedente desfavorável ao réu, seja na concessão de benefícios (liberdade provisória, por exemplo), seja na aplicação da pena (artigo 59 do Código Penal);[14]

---

[14] "Não configura má antecedência o fato de o paciente ter aceito proposta de transação penal ofertada pelo órgão de acusação, eis que referido ato processual é registrado 'apenas para impedir novamente o mesmo benefício no prazo de 5 (cinco) anos', nos termos do § 4º do art. 76, da Lei nº 9.099/95" (STJ, HC 49483, Rel. Min. Gilson Dipp, Quinta Turma, DJ 10/04/2006, p. 256).

d) *Título executivo no cível*: a questão deverá, integralmente, ser discutida no juízo cível, sem a mínima importância a aceitação da transação penal;

e) *Indício sobre a autoria/materialidade do fato delituoso*: em virtude de não caracterizar confissão, nos termos dos artigos 197 a 200 do Código de Processo Penal, a aceitação da transação penal não se constitui em indício/prova quanto à autoria/materialidade do fato delituoso, cabendo ao autor da ação penal o ônus de comprovar, integralmente, o fato delituoso e suas circunstâncias.

### 4.4. Conseqüências jurídico-penais do descumprimento, pelo autor dos fatos, da pena alternativa aplicada em decorrência da aceitação da transação penal

A Lei nº 9.099/95 silencia quanto às conseqüências jurídicas do descumprimento da transação penal pelo autor dos fatos. Tenha-se em mente a seguinte situação: na audiência preliminar, o Ministério Público propõe a transação penal, consistente na prestação de serviços à comunidade ou doação monetária em favor de entidade assistencial. Consultados, autor dos fatos e defensor concordam com a proposta. Sobrevém sentença homologatória do acordo, estabelecendo o prazo de trinta (30) dias para comprovação do exato cumprimento do estabelecido. Ultrapassado o prazo assinalado, vem aos autos a notícia de que o acordo não foi cumprido. Intimado pelo Juiz, o beneficiado informa que não irá cumprir a pena que lhe foi imposta. Que fazer?

Duas soluções são apontadas para a solução da lacuna legal:

a) conversão da pena alternativa em pena privativa de liberdade;

b) instauração, contra o autor dos fatos, de instância processual-penal, mediante denúncia pelo Ministério Público pelos fatos constantes no termo circunstanciado.

A primeira solução (*a*) não encontra ressonância constitucional, pois fere frontalmente a cláusula do devido processo legal, cuja essência reside na necessidade de proteger os direitos e as liberdades das pessoas contra qualquer modalidade interventiva do Poder Público que se revele opressiva ou destituída de razoabilidade.[15] Esse importante princípio constitucional encontra concretização nas normas infraconstitucionais, as quais o delimitam e densificam.[16]

Não se pode executar contra o autor dos fatos um título que não teve a apreciação judicial quanto ao mérito da demanda: não houve, no caso da homologação, decisão jurisdicional quanto aos elementos basilares da conduta criminosa, quais sejam, autoria e materialidade. Não custa lembrar que sobre os fatos não incidiu sentença de mérito nem confissão do beneficiado.

Nesse sentido já se manifestou o Supremo Tribunal Federal, através de sua Primeira Turma,[17] em voto de lavra do Min. Ilmar Galvão. Em outra oportunidade, agora pela Segunda Turma, tendo por Relator o Min. Marco Aurélio, decidiu a Suprema Corte no mesmo sentido, pois a *transformação automática da pena restritiva de direitos, decorrente de transação, em privativa do exercício da liberdade discrepa da garantia constitucional do devido processo legal. Impõe-se, uma vez descumprido o termo de transação, a declaração de insubsistência deste último, retornando-se ao estado anterior, dando-se oportunidade ao Ministério Público de vir a requerer a instauração de inquérito ou propor a ação penal, ofertando denúncia* (HC-79572/GO, Publicação: DJ 22/02/02, p. 34. Ement. Vol. 2058-01, p. 204; Julgamento: 29/02/2000). No mesmo sentido, consulte-se: HC 84976/SP, Rel. Min. Carlos Britto, julgado em 20/09/2005;[18] HC 80802, Rel. Min. Ellen

---

[15] STF, ADI 1063 MC-QO, Rel. Min. Celso de Mello. Julgamento: 18/05/1994. Tribunal Pleno. Publicação: DJ 27/04/2001, p. 57.

[16] STF, Pet 2066 AgR/SP, Rel. Min. Marco Aurélio. Julgamento: 19/10/2000. Tribunal Pleno. Publicação: DJ 28/02/2003, p. 7; STF. HC 86022, Rel. Min Sepúlveda Pertence. Julgamento: 23/08/2005, Primeira Turma, DJ 28/10/2005, p. 50.

[17] Ementa: CRIMINAL. CONDENAÇÃO À PENA RESTRITIVA DE DIREITO COMO RESULTADO DA TRANSAÇÃO PREVISTA NO ART. 76 DA LEI Nº 9.099/95. CONVERSÃO EM PENA PRIVATIVA DE LIBERDADE. DESCABIMENTO. A conversão da pena restritiva de direito (art. 43 do Código Penal) em privativa de liberdade, sem o devido processo legal e sem defesa, caracteriza situação não permitida em nosso ordenamento constitucional, que assegura a qualquer cidadão a defesa em juízo, ou de não ser privado da vida, liberdade ou propriedade, sem a garantia da tramitação de um processo, segundo a forma estabelecida em lei (RE 268319, Rel. Min. ILMAR GALVÃO, DJ 27/10/00, p. 87, Primeira Turma.).

[18] Ementa: "O descumprimento da transação penal prevista na Lei nº 9.099/95 gera a submissão do processo em seu estado anterior, oportunizando-se ao Ministério Público a propositura da ação penal e ao Juízo o recebimento da peça acusatória,

Gracie, DJ 18/05/01, p. 434, Primeira Turma;[19] RE 268320, Rel Min. Octávio Gallotti, DJ 10/11/00, p. 105, Primeira Turma;[20] HC 80164, Rel. Min. Ilmar Galvão, DJ 07/12/00, p. 5, Primeira Turma;[21] HC 84775, Segunda Turma, Rel. Min. Carlos Velloso, DJ 05/08/05 p. 118.[22] Não obstante os reiterados precedentes do Supremo Tribunal Federal, a posição do Superior Tribunal de Justiça trilha caminho distinto: a sentença homologatória da transação penal tem natureza condenatória e gera eficácia de coisa julgada material e formal, impedindo o oferecimento de denúncia contra o autor do fato, se descumprido o acordo homologado.[23]

A segunda solução apontada (b) é a que melhor compatibiliza a seriedade da justiça penal com os direitos funda-

---

não havendo que se cogitar, portanto, na propositura de nova ação criminal por crime do art. 330 do CP ("Desobedecer a ordem legal de funcionário público"). Com base nesse entendimento, a Turma, por falta de justa causa, deferiu *habeas corpus* a paciente para determinar o trancamento de ação penal contra ele instaurada pelo não cumprimento de transação penal estabelecida em processo anterior, por lesão corporal leve".

[19] EMENTA: *Habeas corpus* – Constrangimento ilegal – Ato de Juiz de Direito no âmbito de Juizado Especial Criminal – Incompetência do Supremo Tribunal Federal – Não conhecimento. Transação penal descumprida – Conversão de pena restritiva de direitos em privativa de liberdade – Ofensa aos princípios do devido processo legal, da ampla defesa e do contraditório – Precedentes: RE n° 268.320 e HC n° 79.572. A jurisprudência do STF, favorável ao paciente, a celeridade deste remédio heróico e a ausência de precedente desta Corte quanto à questão da competência, recomendam a concessão da ordem. *Habeas Corpus* concedido de ofício.

[20] EMENTA: Juizado Especial Criminal — Transação penal efetivada nos termos do art. 76 da Lei n° 9.099/95, fixando pena restritiva de direitos — Inviabilidade de sua conversão em pena privativa de liberdade — Recurso extraordinário de que não se conhece.

[21] EMENTA: HABEAS CORPUS. PACIENTE ACUSADO DOS CRIMES DOS ARTS. 129 E 147 DO CÓDIGO PENAL. CONSTRANGIMENTO ILEGAL QUE CONSISTIRIA NA CONVERSÃO, EM PRISÃO, DA PENA DE DOAR CERTA QUANTIDADE DE ALIMENTO À "CASA DA CRIANÇA", RESULTANTE DE TRANSAÇÃO, QUE NÃO FOI CUMPRIDA. ALEGADA OFENSA AO PRINCÍPIO DO DEVIDO PROCESSO LEGAL. Conversão que, se mantida, valeria pela possibilidade de privar-se da liberdade de locomoção quem não foi condenado, em processo regular, sob as garantias do contraditório e da ampla defesa, como exigido nos incs. LIV, LV e LVII do art. 5° da Constituição Federal. *Habeas corpus* deferido.

[22] EMENTA: PENAL. PROCESSUAL PENAL. HABEAS CORPUS. JUIZADO ESPECIAL. TRANSAÇÃO PENAL DESCUMPRIDA. CONVERSÃO DA PENA RESTRITIVA DE DIREITOS EM PRIVATIVA DE LIBERDADE. ILEGALIDADE. Lei n° 9.099/95, art. 76. I. – A conversão da pena restritiva de direitos, objeto de transação penal, em pena privativa de liberdade ofende os princípios do devido processo legal, do contraditório e da ampla defesa, conforme jurisprudência do Supremo Tribunal Federal. II. – H.C. deferido.

[23] Quinta Turma: REsp 612411, DJ 30/08/2004, Rel. Min. Felix Fischer; HC 33487, DJ 01/07/2004, Rel. Min. Gilson Dipp. Sexta Turma: REsp 226570, DJ 22/11/2004, Rel. Min. Hamilton Carvalhido; HC 19871, DJ 17/05/2004, Rel. Hamilton Carvalhido.

mentais do infrator, contando, ainda, com o respaldo do Supremo Tribunal Federal, consoante decisão de lavra do Min. Marco Aurélio anteriormente citada. Embora a posição firme do Superior Tribunal de Justiça, no sentido de a sentença homologatória da transação penal, prevista no art. 76 da Lei nº 9.099/95, ter natureza condenatória e gerar, por conseqüência, eficácia de coisa julgada material e formal, obstando a instauração de ação penal contra o autor do fato, se descumprido o acordo homologado[24] (no mesmo sentido: *Habeas Corpus* nº 11.111 – São Paulo – 1999/0097993-1 –, Rel. Min. Jorge Scartezzini),[25] esta é a solução que melhor se amolda à eficácia concreta dos direitos fundamentais.

A alternativa à possibilidade de se instaurar ação penal contra o autor descumpridor do acordo seria subordinar a eficácia da aplicação da lei penal à exclusiva boa vontade do beneficiado, o que é completamente inadmissível.

Na verdade, a sentença que homologa o acordo entre as partes (transação penal) não produz eficácia de coisa julgada de direito material, não tendo influência nenhuma na extinção da punibilidade. A extinção da punibilidade decorre da sentença que declara o efetivo cumprimento, pelo autor dos fatos, das condições decorrentes do acordo, consoante se depreende do disposto no artigo 84, parágrafo único, da Lei nº 9.099/95, sentença esta que possui eficácia de coisa julgada material.

Disso decorre que antes da superveniência da sentença extintiva da punibilidade, que tem seu lugar após o cumprimento da pena aplicada, não há de se falar em coisa julgada material, pelo simples fato da impossibilidade lógica da coexistência, em um mesmo processo, de duas sentenças com eficácia de coisa julgada material, referentes ao mesmo fato delituoso. A única conclusão possível, então, é de que a sentença homologatória tem natureza meramente formal, não gerando nenhum efeito extintivo da punibilidade relativamente ao fato objeto da homologação.

---

[24] RHC 11359/SP; DJ 08/10/2001, PG:00225; Rel. Min. GILSON DIPP, 28/08/2001; QUINTA TURMA (2001/0055266-7).

[25] "Esta Corte vem decidindo que a sentença que homologa transação penal possui a eficácia de coisa julgada material e formal. Assim, diante do descumprimento do acordo por ela homologado, não existe a possibilidade de oferecer-se denúncia, determinando o prosseguimento da ação penal e considerando-se insubsistente a transação homologada." (DJ1 nº 242-E, 18.12.2000, p. 219).

Descumprindo o beneficiado o acordo, devidamente homologado, rescinde-se a homologação e abre-se possibilidade ao Ministério Público de instaurar, através de denúncia perante o juizado especial criminal, instância penal.[26]

Sinteticamente teremos:

a) a sentença homologatória do acordo de transação penal produz eficácia de coisa julgada formal, não traduzindo causa extintiva da punibilidade;

b) havendo o integral cumprimento da sanção pactuada, o juiz, através de sentença com autoridade de coisa julgada material, extingue a punibilidade;

c) havendo o descumprimento da sanção pactuada, após devidamente intimado o autor dos fatos para justificar o ocorrido, o juiz determinará o quebramento do acordo, determinando vista ao Ministério Público, ao qual se abrirão as três possibilidades tradicionais, quais sejam: I) pedido de arquivamento; II) pedido de diligências; III) denúncia.

### 4.5. Composição do dano e presença da vítima na audiência preliminar

Na audiência preliminar, é imprescindível a presença da vítima? Como regra geral, em virtude das peculiaridades dos processos de competência dos Juizados Especiais Criminais, a presença da vítima na audiência preliminar é dispensável. Para melhor compreensão do tema, consideremos as seguintes hipóteses:

a) *crimes de ação penal pública incondicionada*: a quase totalidade das infrações penais da competência da Justiça Federal tem como vítimas diretas aquelas pessoas jurídicas

---

[26] Nesse sentido, decidiu a Primeira Turma Recursal da Seção Judiciária de Santa Catarina: "A sentença que homologa acordo entre as partes (transação penal) não produz eficácia de coisa julgada de direito material. A extinção da punibilidade decorre da sentença que declara o efetivo cumprimento, pelo autor dos fatos, das condições decorrentes do acordo, consoante se depreende do disposto no art. 84, parágrafo único, da Lei nº 9.099/95, sentença esta que possui eficácia de coisa julgada material. Descumprindo o beneficiário o acordo, devidamente homologado, rescinde-se a homologação e abre-se possibilidade ao Ministério Público de instaurar, através de denúncia perante o juizado especial criminal, instância penal" (HC 2005.72.95.005383-5, Rel. Juiz Federal Jairo Gilberto Schäfer, decisão unânime).

mencionadas no artigo 109, IV, da Constituição Federal, sendo crimes de ação penal pública incondicionada. Nestes casos, a composição do dano, *como pressuposto para aplicação da transação penal*, pode ser exigida diretamente pelo Ministério Público Federal, pois que envolvido interesse público indisponível, independentemente da participação dos representantes da União ou das autarquias federais. É que no caso de a ação ser pública incondicionada, eventual acordo quanto à composição dos danos em nada alterará a estrutura processual do autor dos fatos. O acordo mencionado pelo artigo 74, com a eficácia de seu parágrafo único, ambos da Lei nº 9.099/95,[27] não tem aplicação nesta espécie de crime. Não obstante, é de grande valia a presença do representante legal da entidade ofendida, quando houver possibilidade de reparação do dano cível, em virtude de seus efeitos extrapenais, efetuando-se uma composição global dos danos decorrentes da conduta ilícita. Segundo o artigo 11, parágrafo único, da Lei nº 10.259/01, o representante da entidade que comparecer à audiência preliminar terá poderes para acordar, desistir ou transigir;

b) *crimes de ação penal pública condicionada à representação ou crimes de ação penal privada (queixa-crime)*: nestas hipóteses, a presença do ofendido na audiência preliminar é indispensável, uma vez que eventual composição dos danos poderá acarretar a renúncia ao direito de queixa ou de representação, após homologação pelo Juiz.

## 5. Atribuição, pelo magistrado, de nova capitulação jurídica aos fatos quando do recebimento da denúncia

Na fase processual do recebimento da denúncia, é possível ao magistrado alterar a capitulação jurídica atribuída pelo Ministério Público aos fatos narrados? No processo penal

---

[27] "Art. 74. A composição dos danos civis será reduzida a escrito e, homologada pelo Juiz mediante sentença irrecorrível, terá eficácia de título a ser executado no juízo cível competente. Parágrafo único: Tratando-se de ação penal de iniciativa privada ou de ação penal pública condicionada à representação, o acordo homologado acarreta a renúncia ao direito de queixa ou representação."

tradicional, a questão perde em relevância, pois sabe-se que réu *defende-se do fato que lhe é imputado na denúncia ou queixa e não da classificação jurídica feita pelo MP, ou querelante* (STF, HC 61.617-8-SP, j. 04/5/84), não havendo, em verdade, utilidade no ato. Com o advento da Justiça Consensual, todavia, o instituto merece uma releitura doutrinária e jurisprudencial. Com efeito, a capitulação jurídica atribuída aos fatos pelo Ministério Público passa a ter importância fundamental para a concessão de benefícios ao autor dos fatos (suspensão condicional do processo e transação penal), o que exige a revisão judicial da vontade unilateral do titular da ação penal, nas hipóteses em que houver discordância entre as partes (Ministério Público e autor dos fatos) quanto à correta capitulação jurídica dos fatos. Nesse sentido, já se manifestaram os Tribunais: STJ, REsp 762842, Rel. Min. Arnaldo Esteves Lima, Quinta Turma, DJ 05/06/2006, p. 312; TRF4, Apelação Criminal nº 2003.70.01.001426-6, Oitavo Turma, Rel. Des. Federal Paulo Afonso Brum Vaz, DJU 02/03/2005;[28] TRF4, HC nº 199804010133541, Primeira Turma, Rel. Des. Federal Amir Sarti, DJ 23/06/1999, p. 614;[29] TRF4, HC 1999.04.01.108403-7, Primeira Turma, Relator Ellen Gracie Northfleet, publicado em 08/03/2000.[30]

---

[28] Lê-se no voto do Relator: "No entanto, pode-se dizer que houve significativa modificação após o advento das Leis nº 9.099/95 e nº 10.259/01. É que, a partir da criação dos institutos despenalizadores da suspensão condicional do processo e da transação penal, a decisão que recebe a denúncia passou a ter maior relevância, uma vez que tais benefícios devem ser ofertados ao réu nesta fase processual. Assim, parece evidente que o magistrado pode e deve dar nova capitulação ao fato já quando do recebimento da peça acusatória, uma vez que se trata de procedimento bem mais favorável ao acusado".

[29] EMENTA: "Em que pese as regras contidas nos arts. 383 e 384 do CPP, a partir da Lei nº 9.099/95, não é só na sentença que o juiz pode dar ao fato incriminado definição jurídica diversa da que constar na denúncia. Os novos institutos da transação penal e da suspensão do processo implicam, necessariamente, reconhecer ao julgador aquele poder mesmo na fase do recebimento da denúncia, seja para afastar coação ilegítima a direito subjetivo do réu, seja, ao contrário,para impedir a concessão de benefício indevido".

[30] EMENTA: "HABEAS CORPUS – PACIENTES – CONCESSÃO PARCIAL DA ORDEM – DESCABIMENTO DA DENÚNCIA – DESCLASSIFICAÇÃO – FALSIDADE – SONEGAÇÃO FISCAL – PARCELAMENTO – EXTINÇÃO DA PUNIBILIDADE. Mesmo que o julgamento não tenha sido encerrado quanto a um dos pacientes, tudo recomenda que se conceda imediatamente a ordem em favor daqueles cuja situação já ficou decidida. O juiz pode, em face dos novos institutos da transação e da suspensão do processo penal, já no recebimento da denúncia, dar nova qualificação jurídica aos fatos narrados na inicial, sempre que verificar ter havido vício de capitulação, com prejuízo para o réu. Se o desígnio inequívoco do agente foi a sonegação fiscal, o falso

## 6. A fase litigiosa

A segunda fase do procedimento dos Juizados Especiais Criminais é a fase litigiosa, que se caracteriza pela superação do consenso entre as partes, substituindo-o pela cogência inerente à norma penal incriminadora. Nesta fase, pouco se inovou relativamente ao processo penal tradicional: há previsão de sucessão de fases, cada uma com sua perspectiva, tendo por objetivo final a prolação de uma sentença penal de mérito, sob os auspícios do princípio constitucional do contraditório.[31]

De fato, a denominada "fase litigiosa" decorre do insucesso da aplicação dos institutos previstos na fase consensual, pelas seguintes razões:

a) Ausência de acordo quanto à composição dos danos;

b) Inexistência dos pressupostos legais para aplicação da transação penal;

c) Não-aceitação, pelo autor dos fatos, da transação penal proposta pelo Ministério Público.

O procedimento sumaríssimo inicia-se com oferecimento de *denúncia oral* pelo Ministério Público Federal, o que deverá ocorrer na própria audiência preliminar, na presença do autor dos fatos e seu defensor. Evidentemente que não haverá nenhuma nulidade se o Ministério Público oferecer, no ato, denúncia escrita, dela dando ciência o Magistrado ao defensor e ao denunciado. Da mesma forma, poderá o Ministério Público, em virtude da dinâmica prática das audiências preliminares, requerer vista dos autos para melhor análise, oferecendo, posteriormente, denúncia. O objetivo da lei é que se faça a denúncia, em presentes os requisitos legais, já na própria audiência preliminar, evitando-se, com isso, a neces-

---

é absorvido pelo crime tributário. O parcelamento é forma de pagamento e, portanto, acarreta a extinção da punibilidade dos crimes contra a ordem tributária, quando concedido antes do recebimento da denúncia".

[31] Nesse sentido, decidiu o STF: "Juizado Especial: princípio constitucional da ampla defesa: prevalência sobre os princípios da oralidade, simplicidade, informalidade, economia processual e celeridade (L. 9.099/95, art. 2º), que orientam os processos nos Juizados especiais. II. Crime contra a honra: difamação (C.Penal, art. 139): queixa: aptidão: descrição dos fatos que atende aos requisitos do art. 41 do C. Proc. Penal." (HC 85208, Rel. Min. SEPÚLVEDA PERTENCE, Primeira Turma, DJ 03/06/2005, p. 45).

sidade de citação do denunciado através de Oficial de Justiça, privilegiando-se o princípio da celeridade processual.

A base para o oferecimento da denúncia serão os documentos que instruem o termo circunstanciando, dispensando-se o inquérito policial (artigo 77, § 1º, Lei nº 9.099/95),[32] vetusto instrumento incompatível com a criminalidade de menor potencial ofensivo. Privilegia o procedimento o princípio da liberdade da prova, pois prescinde o Ministério Público, para oferecer a denúncia, do formal auto de exame de corpo de delito, podendo a materialidade, como é o certo, ser provada por qualquer elemento hábil a formar o convencimento sobre os fatos, como boletim médico ou outra prova equivalente.

Oferecida a denúncia, o acusado ficará automaticamente citado, sendo-lhe entregue uma cópia do documento. Na mesma audiência preliminar, designará o Magistrado audiência de instrução e julgamento, cientificando-se todos os presentes (Ministério Público, denunciado, defensor).

Assim, a fase litigiosa do procedimento dos Juizados Especiais Criminais inicia-se ainda na audiência preliminar, na qual se praticarão os seguintes atos:

a) Denúncia oral ou escrita do Ministério Público;

b) Citação do denunciado, com entrega de cópia do documento;

c) Designação de audiência de instrução e julgamento, com cientificação dos presentes.

Na audiência de instrução e julgamento, serão praticados os seguintes atos, na ordem legal:

a) *abertura da audiência*;

b) *defesa preliminar*: será dada palavra ao defensor para responder à acusação;

c) *recebimento da denúncia pelo Juiz*: oportunidade em que o magistrado verificará a presença das condições da ação penal, bem como examinará a denúncia quanto aos seus pressupostos legais, presente que "o ato judicial que formaliza o recebimento da denuncia oferecida pelo Ministério Pú-

---

[32] "Art. 77. (...). § 1º: Para o oferecimento da denúncia, que será elaborada com base no termo de ocorrência referido no artigo 69 desta Lei, com dispensa do inquérito policial, prescindir-se-á do exame do corpo de delito quando a materialidade do crime estiver aferida por boletim médico ou prova equivalente."

blico não se qualifica e nem se equipara, para os fins a que se refere o art. 93, IX, da Constituição de 1988, a ato de caráter decisório" (STF, HC 70763, Rel. Min. Celso de Mello, DJ 23/09/1994, p. 25328);

d) *oitiva das testemunhas de acusação e defesa*: havendo recebimento da denúncia pelo Juiz, instaura-se a relação jurídica processual. Inquirem-se primeiramente as testemunhas arroladas pela acusação e, após, as testemunhas requeridas pela defesa. No silêncio do legislador especial, aplica-se subsidiariamente a regra do artigo 539, *caput*, e seu § 1º: Ministério Público e defesa poderão arrolar, cada um, até o máximo de cinco (05) testemunhas;

e) *interrogatório*: importante inovação do rito processual dos Juizados Especiais Criminais, uma vez que o acusado somente é ouvido após a colheita de toda prova testemunhal, realçando-se, com isso, o duplo caráter do interrogatório, qual seja, meio de defesa e meio de prova. O acusado irá se manifestar somente após ter ciência da prova que se produziu contra sua pessoa, sendo postura adequada ante o princípio constitucional da presunção de não-culpabilidade;

f) *debates orais*: manifestação oral das partes quanto às teses e provas do processo. Em primeiro lugar, fala o Ministério Público; após, fala a defesa. No silêncio do legislador especial, aplica-se subsidiariamente a regra do artigo 538, § 2º, do Código de Processo Penal, sendo de 20 (vinte) minutos o tempo de uso da palavra para cada parte;

g) *prolação de sentença*: a sentença, dispensado o relatório, deverá mencionar os elementos de convicção do juiz, segundo o disposto no § 3º do art. 81 da Lei nº 9.099/95, disposição dispensável, no que se refere à fundamentação, uma vez que é imposição constitucional a todos os atos do Poder Judiciário.

## 7. Roteiro prático dos Juizados Especiais Federais Criminais

*Vide anexos*, p. 171.

## 8. O subsistema dos Juizados Especiais Federais: as soluções internas às questões processuais

A idéia central que deve presidir o enfrentamento das questões processuais incidentes nos procedimentos dos juizados especiais é a de que formam os juizados especiais um subsistema do Poder Judiciário, cujas regras próprias devem ser interpretadas mantendo-se um vínculo de essencial coerência entre o conjunto normativo aplicável. Nesse sentido, inexiste comunicação ou subordinação jurisdicional entre o subsistema dos Juizados Especiais Federais (primeira instância e Turmas Recursais) e o subsistema da justiça comum federal (primeira instância e Tribunais Regionais Federais): o controle processual dos atos praticados pelos juizados especiais somente pode ser efetuado pelos órgãos que compõem os juizados especiais ou por aqueles órgãos jurisdicionais que são comuns aos dois subsistemas, quais sejam: Supremo Tribunal Federal e Superior Tribunal de Justiça. Os Juizados Especiais foram instituídos no "pressuposto de que as respectivas causas seriam resolvidas no âmbito de sua jurisdição. Caso assim não fosse, não haveria sentido em sua criação e, menos ainda, na instituição das respectivas Turmas Recursais, pois a estas foi dada a competência de revisar os julgados dos Juizados Especiais, recebam ou não estes julgados o nome de recurso".[33]

### 8.1. Competência para julgamento do habeas corpus contra decisão do Juiz Federal de primeira instância proferida no âmbito dos juizados especiais federais

Questão delicada a ser enfrentada refere-se à competência para julgamento de *Habeas Corpus* contra decisão proferida por Juiz Federal no âmbito do juizado especial criminal. Será da Turma Recursal, competente para o julgamento da apelação? Ou será competente o Tribunal Regional Federal?

---
[33] STJ, Rel. Min. GILSON DIPP, RESP 690553, QUINTA TURMA, DJ 25/04/2005, p. 361.

Uma primeira análise poderá levar à conclusão de que a competência pertence ao Tribunal Regional Federal. É que as competências do Juiz Federal de Primeiro Grau e do Tribunal Regional Federal encontram-se resolvidas expressamente na Constituição Federal, não havendo espaço à legislação infraconstitucional para ampliação/redução desta área de ação. Determina o artigo 108, inciso I, letra "d", ser da competência originária do Tribunal Regional Federal o julgamento do *Habeas Corpus* quando a autoridade coatora for Juiz Federal, não se fazendo nenhuma ressalva quanto à espécie de jurisdição desempenhada pelo Juiz. A competência, então, é fixada em razão da qualidade da autoridade judiciária, e não em razão da matéria atacada.

Esta conclusão, todavia, poderá gerar sérios inconvenientes na prática diária dos Juizados Especiais Criminais, pois imporá um entrecruzamento de competências jurisdicionais (TRF e Turma Recursal) causador de sérias perplexidades processuais.[34]

Atenhamo-nos a uma hipótese: durante o procedimento criminal sumaríssimo, o Juiz Federal indeferiu uma prova cuja produção havia sido requerida pela defesa. Desta decisão, impetrou a defesa *Habeas Corpus* contra o Juiz Federal perante o TRF. Quando do julgamento do *Habeas Corpus*, o TRF decidiu pela manutenção da decisão do magistrado de primeiro grau, sob o fundamento de desnecessidade da prova requerida. Conclusos para sentença, foi o acusado condenado pelo Juiz Federal de Primeira Instância. Desta decisão, apelou o acusado à Turma Recursal, aduzindo, dentre outros argumentos, nulidade do feito, em virtude do indeferimento, pelo Juiz, da produção da prova. Pergunta-se: pode a Turma Recursal, à revelia do julgamento proferido pelo TRF, anular o feito em virtude da não-produção da prova? Este é apenas um exemplo. Várias outras situações se mostrarão no dia-a-dia.

A jurisprudência, tendo-se presente a idéia sistêmica dos juizados especiais federais, concluiu pela necessidade de uniformização do controle recursal dos atos do Juiz proferidos

---

[34] Na primeira edição dessa obra, apontávamos as dificuldades incidentes sobre o tema, com posição que ora se altera (SILVA, Antônio F. S. do Amaral; SCHÄFER, Jairo Gilberto. *Juizados Especiais Federais – aspectos cíveis e criminais*. Blumenau: Acadêmica, 2002.

nos Juizados Especiais Criminais. Nesse sentido, a competência para conhecer do *Habeas Corpus* (questão incidente) pertence à mesma Corte competente para conhecer da decisão principal proferida pelo juiz no processo (questão principal – *sentença*), em virtude da prejudicialidade decorrente do julgamento do *Habeas Corpus*. Assim, a Turma Recursal é a Corte competente para julgar o *Habeas Corpus* contra ato do Juiz Federal proferido nos Juizados Especiais Federais Criminais. É que há previsão constitucional determinando a competência às Turmas Recursais para o julgamento dos recursos contra as decisões proferidas pelos juízes integrantes dos juizados especiais (CF, art. 98, I).[35] No âmbito do judiciário federal, a Lei nº 10.259/01 expressamente criou as Turmas Recursais, sendo aplicáveis subsidiariamente as disposições da Lei nº 9.099/95. Conforme vem decidindo o Supremo Tribunal Federal, nas causas de competência dos juizados especiais criminais, cabe às Turmas Recursais o julgamento de *habeas corpus* contra ato atribuído a juiz de primeira instância, pois "na determinação da competência dos Tribunais para conhecer de hábeas corpus contra coação imputada a órgãos do Poder Judiciário, quando silente a Constituição, o critério decisivo não é o da superposição administrativa ou o da competência penal originária para julgar o magistrado coator ou integrante do colegiado respectivo, mas sim o da hierarquia jurisdicional (cf. HC 71.524, questão de ordem, Plen., 10/10/94, M. Alves)" (Tribunal Pleno, Rel. Min. Sepúlveda Pertence, HC 71713, DJ 23/03/2001, p. 85).

Nesse sentido, colhem-se os seguintes precedentes jurisprudenciais: STF, HC 82718, Rel. Min. Nelson Jobim, Segunda Turma, DJ 27/06/2003, p. 54;[36] STJ, RHC 14263, Rel.

---

[35] Art. 98, I, CF: "juizados especiais, providos por juízes togados, ou togados e leigos, competentes para a conciliação, o julgamento e a execução de causas cíveis de menor complexidade e infrações penais de menor potencial ofensivo, mediante os procedimentos oral e sumaríssimo, permitidos, nas hipóteses previstas em lei, a transação e o julgamento de recursos por turmas de juízes de primeiro grau".

[36] EMENTA: *HABEAS CORPUS*. DIREITO CONSTITUCIONAL. PROCESSO PENAL. INCOMPETÊNCIA DO STF PARA PROCESSAR E JULGAR HC DE DECISÃO ORIUNDA DE JUIZADO ESPECIAL CRIMINAL. O *HABEAS* foi impetrado perante o TJ/MG, contra decisão de Juiz de Direito com jurisdição no Juizado Especial de Guapé/MG. O Desembargador-Relator no TJ/MG declinou da competência para a Turma Recursal de Passos/MG. Essa declinou da competência para este Tribunal, porque o seu Regimento Interno não prevê a competência para julgar *HABEAS CORPUS*. Compete a este Tribunal, originariamente, processar e julgar *HABEAS CORPUS* contra decisão

Min. Jorge Scartezzini, Quinta Turma, DJ 24/05/2004, p. 287;[37] STJ, Conflito de Competência nº 40352, Rel. Min. Laurita Vaz, DJ09/12/2003, p. 209.[38]

Em conclusão: a competência para julgar *habeas corpus* contra Juiz Federal investido das funções nos juizados especiais federais é sempre da Turma Recursal respectiva.

### 8.2. Competência para julgamento do habeas corpus contra decisão da Turma Recursal

Seguindo a mesma lógica antes mencionada, a competência para julgamento do *habeas corpus* contra decisão colegiada da Turma Recursal pertence, constitucionalmente, ao Supremo Tribunal Federal, com exclusão de qualquer outro órgão judicial, pois os tribunais de segunda instância da justiça comum (federal ou estadual) "não exercem jurisdição sobre as decisões das turmas de recurso dos juizados especiais, as quais se sujeitam imediata e exclusivamente à do

---

denegatória de similar, proferida por Turmas Recursais de Juizados Especiais Criminais (CF, 102, I, i). Precedentes. O fato do Regimento Interno da Turma Recursal de Passos/MG não incluir o *HABEAS CORPUS* em sua competência, não faz com que a mesma se desloque para este Tribunal. Há previsão constitucional no sentido de que a competência para examinar os recursos das decisões emanadas pelos Juizados Especiais é das Turmas Recursais (CF, art. 98, I). A Lei que instituiu os Juizados Especiais Criminais, regulamentou a competência das Turmas Criminais para julgar os recursos interpostos de decisões proferidas pelos Juizados Especiais (L. 9.099/95, art. 41, §§ 1º e 2º). Reconhecida a incompetência deste Tribunal para conhecer e examinar o presente *WRIT*. Habeas não conhecido.

37 EMENTA: "IMPETRAÇÃO DE *HABEAS CORPUS* CONTRA DECISÃO DE MAGISTRADO PERTENCENTE AO JUIZADO ESPECIAL CRIMINAL -COMPETÊNCIA DA TURMA RECURSAL – PRINCÍPIO DA HIERARQUIA JURISDICIONAL – INDEPENDÊNCIA DAS JUSTIÇAS COMUM E ESPECIALIZADA. – Compete à Turma Recursal o processamento e julgamento de hábeas corpus impetrado contra ato de Magistrado vinculado ao Juizado Especial Criminal, haja vista ser o órgão recursal desta Justiça Especializada desvinculada da Justiça Comum. Aplicação do princípio da hierarquia jurisdicional. Incompetência dos Tribunais de Justiça e de Alçada".

38 EMENTA: "1. A Egrégia Terceira Seção, em consonância com o Plenário da Suprema Corte, consolidou o entendimento de que, por não haver vinculação jurisdicional entre Juízes das Turmas Recursais e o Tribunal local (de Justiça ou de Alçada) – assim entendido, porque a despeito da inegável hierarquia administrativo-funcional, as decisões proferidas pelo segundo grau de jurisdição da Justiça Especializada não se submetem à revisão por parte do respectivo Tribunal – deverá o conflito de competência ser decidido pelo Superior Tribunal de Justiça, a teor do art. 105, inciso I, alínea d, da Constituição Federal. 2. Compete à Turma Recursal do Juizado Especial a apreciação e julgamento de *habeas corpus* impetrado contra ato praticado por Juiz de Direito do Juizado Especial".

Supremo Tribunal Federal, dada a competência deste, e só dele, para revê-las, mediante recurso extraordinário (cf. Recl. 470, Plen., 10/02/94, Pertence): donde só poder tocar ao S.T.F. a competência originária para conhecer de 'habeas corpus' contra coação a elas atribuída" (STF, Rel. Min. Sepúlveda Pertence, HC 71713, Tribunal Pleno, DJ 23/03/2001, p. 85), competência que não foi alterada pela superveniência da Emenda Constitucional nº 22/99.[39]

E assim deve ser para que não haja a interposição de mais uma instância no subsistema dos juizados especiais, conseqüência imediata do conferir-se competência para julgar esse tipo de ação aos tribunais de segunda instância da justiça comum (Tribunal Regional Federal, no caso da Justiça Federal). O pressuposto último para o julgamento de demandas com caráter impugnativo de decisões judiciais, independentemente da denominação que possa receber, é a existência de subordinação hierárquica entre os órgãos julgadores, inexistente entre Tribunal de segunda instância da justiça comum e órgãos que integram os juizados especiais (Juiz de primeira instância e Turma Recursal).[40]

### 8.3 Competência para julgamento de conflito de competência entre Juízo Comum Federal e Juizado Especial Federal

O conflito de competência entre órgãos dos juizados especiais federais (Juizado de primeira instância e Turma Recursal) e juízo comum federal (juiz federal de primeira instância e Tribunal Regional Federal) é resolvido pelo Superior Tribunal de Justiça. Em nenhuma hipótese o conflito de compe-

---

[39] STF, HC 79865, Rel. Min. CELSO DE MELLO, Segunda Turma, DJ 06/04/2001, p. 68: "Compete ao Supremo Tribunal Federal, mesmo após o advento da Emenda Constitucional nº 22/99, processar e julgar, originariamente, a ação de habeas corpus, quando promovida contra decisão emanada de Turma Recursal estruturada no sistema vinculado aos Juizados Especiais".
[40] Nesse sentido: STF, HC 87507, Rel. Min. RICARDO LEWANDOWSKI, Primeira Turma, DJ 20/04/2006, p. 15; STF, HC 83228, Rel. Min. MARCO AURÉLIO, Tribunal Pleno, DJ 11/11/2005, p. 6; STF, HC 85350, Rel. Min. EROS GRAU, Primeira Turma, DJ 02/09/2005, p. 25; STF, HC 83055, Rel. Min. GILMAR MENDES, Segunda Turma, DJ 15/04/2005, p. 38; STF, HC 85019, Rel. Min. ELLEN GRACIE, Segunda Turma, DJ 04/03/2005, p. 36; STF, HC 84566, Rel. Min. JOAQUIM BARBOSA, Segunda Turma, DJ 12/11/2004, p. 41.

tência será julgado pelo Tribunal Regional Federal, dada inexistência de hierarquia jurisdicional entre este Tribunal e os órgãos que compõem o subsistema dos juizados especiais federais.[41]

Essa conclusão pode ser extraída do posicionamento do Supremo Tribunal Federal, que assim decidiu, através de sua composição Plenária:

"Ementa: Direito constitucional, penal e processual penal. Conflito negativo de competência, entre a Turma Recursal do Juizado Especial Criminal da Comarca de Belo Horizonte e o Tribunal de Alçada do Estado de Minas Gerais. Competência do Superior Tribunal de Justiça para dirimi-lo (art. 105, I, d, DA CF). E não do Supremo Tribunal Federal (ART. 102, I, o). 1. As decisões de Turma Recursal de Juizado Especial, composta por Juízes de 1 Grau, não estão sujeitas à jurisdição de Tribunais estaduais (de Alçada ou de Justiça). 2. Também as dos Tribunais de Alçada não se submetem à dos Tribunais de Justiça. 3. Sendo assim, havendo Conflito de Competência, entre Turma Recursal de Juizado Especial e Tribunal de Alçada, deve ele ser dirimido pelo Superior Tribunal de Justiça, nos termos do art. 105, I, d, da CF, segundo o qual a incumbência lhe cabe, quando envolva 'tribunal e juizes a ele não vinculados'. 4. Conflito não conhecido, com remessa dos autos ao Superior Tribunal de Justiça, para julgá-lo, como lhe parecer de direito. 5. Plenário. Decisão unânime" (CC 7081, Rel. Min. Sydney Sanches, Tribunal Pleno, decisão unânime, DJ 27/09/2002, p. 81).

Quando do julgamento do Conflito de Competência nº 7106, teve a Suprema Corte oportunidade de reiterar sua posição sobre o tema: compete ao Superior Tribunal de Justiça dirimir conflito de competência entre juízo comum e juizados especiais.[42] Nesse mesmo sentido, a mais moderna

---

[41] "Segundo o artigo 98 da Constituição Federal, as Turmas Recursais possuem competência exclusiva para apreciar os recursos das decisões prolatadas pelos Juizados Especiais Federais. Portanto, não cabe recurso aos Tribunais Regionais Federais, pois a eles não foi reservada a possibilidade de revisão dos julgados dos Juizados Especiais". (STJ, Rel. Min. GILSON DIPP, RESP 690553, QUINTA TURMA, DJ 25/04/2005, p. 361).

[42] STF, Rel. Min. ILMAR GALVÃO, Tribunal Pleno, decisão unânime, DJ 08/11/2002, p. 22.

jurisprudência do Superior Tribunal de Justiça: CC nº 40199, julgado em 06/10/2004.[43]

### 8.4. Competência para julgamento de Mandado de Segurança contra ato da Turma Recursal ou de Juiz Federal de primeira instância investido na jurisdição dos Juizados Especiais Federais

A competência para julgar Mandado de Segurança contra atos dos órgãos dos juizados especiais federais (Turma Recursal – decisão colegiada ou não – e juizados especiais de primeira instância) é da Turma Recursal, aplicando-se analogicamente o art. 21, VI, da LOMAN.[44]

### 9. Complexidade dos fatos como causa de exclusão da competência do Juizado Especial Criminal

A partir do disposto no artigo 77, § 2º, da Lei nº 9.099/95,[45] surge o conceito de complexidade probatória como causa de modificação da competência dos Juizados Especiais Criminais.

---

[43] "COMPETÊNCIA. MANDADO DE SEGURANÇA IMPETRADO CONTRA ATO DE JUIZADO ESPECIAL CRIMINAL. COMPETÊNCIA DA TURMA RECURSAL DO JUIZADO ESPECIAL. – Compete ao Superior Tribunal de Justiça julgar conflito de competência entre Tribunal de Alçada e Turma Recursal do Juizado Especial (art. 105, I, d, da Constituição Federal)." (Corte Especial, Rel. Min. Nilson Naves, DJ 23/05/2005, p. 119).

[44] "Competência: Turma Recursal dos Juizados Especiais: mandado de segurança contra seus próprios atos e decisões: aplicação analógica do art. 21, VI, da LOMAN. A competência originária para conhecer de mandado de segurança contra coação imputada a Turma Recursal dos Juizados Especiais é dela mesma e não do Supremo Tribunal Federal." (STF, Tribunal Pleno, MS 24691, Rel. Min. Marco Aurélio, DJ 24/06/2005, p. 05); "O julgamento de mandado de segurança contra ato jurisdicional compete ao órgão colegiado competente em grau recursal, sendo inaplicável, in casu, o artigo 108, I , alínea c, porque versa sobre decisão de Juiz Federal no exercício da jurisdição do juizado especial, competindo, assim, à Turma Recursal do Juizado Especial Federal e não ao Tribunal Regional Federal." (STJ, Rel. Min. GILSON DIPP RESP 690553, QUINTA TURMA, DJ 25/04/2005, p. 361).

[45] "Art. 77 (...). § 2º Se a complexidade ou circunstância do caso não permitirem a formulação da denúncia, o Ministério Público poderá requerer ao Juiz o encaminhamento das peças existentes, na forma do parágrafo único do artigo 66 desta Lei."

A essência dos Juizados Especiais Criminais reside na informalidade e na celeridade. Trazer ao rito processual do juizado especial criminal questões de alta indagação poderia gerar uma incompatibilidade entre a intenção da norma e as necessidades instrutórias do caso concreto. Qual a motivação desta disposição? Devemos considerar, inicialmente, que a audiência será una, simplificada, com a realização concentrada de todos os atos processuais. A adoção do rito processual dos Juizados Especiais Criminais não pode gerar prejuízo irreversível ao acusado, no que se refere à possibilidade probatória. Aos Juizados Especiais Criminais devem ser reservadas, exclusivamente, questões criminais cujas soluções encontrem final célere e efetivo.

O que se deve entender por complexidade probatória? Toda vez que ao Ministério Público não for possível fazer o juízo adequado quanto às providências a serem adotadas, porque há dúvida quanto à autoria e quanto à materialidade, e a produção desses elementos demandar intensa investigação policial, essa situação é que vai traduzir a complexidade probatória enquanto causa de exclusão da competência dos Juizados Especiais Criminais. A complexidade mencionada pela lei pode ser caracterizada, ainda, pela existência de multiplicidade de autores e de tipos penais, situação que faticamente torne extremamente penosa a instrução do feito.

Não se pode, em verdade, estabelecer, aprioristicamente, um conceito fechado para "complexidade" probatória, pois somente com a riqueza dos elementos formadores do caso concreto é que se pode estabelecer com precisão o que seja este instituto jurídico. A complexidade geradora da incompetência dos Juizados Especiais é somente aquela que demonstra a incompatibilidade com o rito especial.[46] Deve o aplicador levar em conta, ao decidir semelhante questão, os princípios norteadores dos Juizados Especiais Criminais: oralidade, informalidade e celeridade. Questões de alta indagação, seja jurídica, seja probatória, não se mostram adequadas ao rito processual dos Juizados Especiais Criminais, devendo ser

---

[46] "O reconhecimento de complexidade da matéria não significa, necessariamente, submissão ao rito ordinário, notadamente quando o Juiz afirma que a controvérsia pode ser dirimida no rito estabelecido pela Lei n° 9.099/95." (STF, Rel. Min. Eros Grau, Primeira Turma, HC 86049, DJ 28/10/2005, p. 50).

conhecidas pelo juízo comum, adequadamente preparado para isso.

O Supremo Tribunal Federal decidiu que esta é uma causa de incompetência absoluta, ou seja, toda vez que se detectar que a complexidade da causa impede um juízo seguro sobre os fatos, o processo deve ser enviado ao juízo comum. O acórdão, de lavra do Min. Celso de Mello, encontra-se assim ementado:

> "Ementa: *Habeas Corpus* – Competência penal do juízo comum para a persecutio criminis, nas hipóteses em que a complexidade ou as circunstâncias do caso impedem a formulação imediata de denúncia pelo Ministério Público (Lei nº 9.099/95, art. 77, § 2º) – Observância do postulado do juiz natural – *Habeas corpus* deferido. – Mesmo tratando-se de infrações penais de menor potencial ofensivo, nem sempre justificar-se-á o reconhecimento da competência dos órgãos veiculados ao sistema de Juizados Especiais Criminais, admitindo-se a possibilidade de instauração, perante o Juízo comum, do processo e julgamento desses ilícitos penais, desde que o Ministério Público assim o requeira, fundado na circunstância de a complexidade do fato delituoso impedir a formulação imediata da denúncia (Lei nº 9.099/95, art. 77, § 2º). O postulado do *Juiz natural representa garantia constitucional indisponível assegurada a qualquer réu, em sede de persecução penal.* – O princípio da naturalidade do juízo representa uma das mais importantes matrizes político-ideológicas que conformam a própria atividade legislativa do Estado e condicionam o desempenho, por parte do Poder Público, das funções de caráter penal-persecutório, notadamente quando exercidas em sede judicial. O postulado do juiz natural reveste-se, em sua projeção político-jurídica, de dupla função instrumental, pois, enquanto garantia indisponível, tem por titular qualquer pessoa exposta, em juízo criminal, à ação persecutória do Estado, e, enquanto limitação insuperável, representa fator de restrição que incide sobre os órgãos do poder estatal incumbidos de promover, judicialmente, a repressão criminal. É irrecusável, em nosso sistema de direito constitucional positivo – considerado o princípio do juiz natural – que ninguém poderá ser privado de sua liberdade senão mediante julgamento pela

autoridade judicial competente. Nenhuma pessoa, em conseqüência, poderá ser subtraída ao seu juiz natural. A nova Constituição do Brasil, ao proclamar as liberdades públicas – que representam limitações expressivas aos poderes do Estado – consagrou, agora de modo explícito, o postulado fundamental do juiz natural. O art. 5°, LIII, da Carta Política, prescreve que 'ninguém será processado nem sentenciado senão pela autoridade competente'".[47]

### 10. Transação penal e concurso de crimes

O concurso de crimes é técnica de unificação de penas, ou seja, não é instituto que se reporta à tipicidade penal, mas tão-somente à concretização da sanção penal. Para o nosso Código Penal, três são as espécies de concurso de crimes: a) concurso material, previsto no artigo 69; b) concurso formal, previsto no artigo 70; c) crime continuado, regulado no artigo 71.

Tem-se o concurso material quando o agente, mediante mais de uma ação ou omissão, pratica dois ou mais crimes, idênticos ou não, aplicando-se o critério do cúmulo material de penas, ou seja, somam-se todas as penas para se chegar ao resultado final.

O concurso formal, por seu turno, ocorre toda vez que o agente, mediante uma só ação ou omissão, pratica dois ou mais crimes, idênticos ou não, aplicando-se o critério da exacerbação da pena. Toma-se a pena do crime mais grave e aplica-se o aumento de um sexto até metade, chegando-se à pena definitiva. Devem-se ressaltar duas regras importantes: a) somente se aplica o critério da exasperação se este for mais favorável para o réu do que o critério do cúmulo material (artigo 70, parágrafo único, do CP); b) em havendo desígnios autônomos, ou seja, cada resultado foi almejado autonomamente pelo réu, aplica-se a regra do concurso material (segunda parte do artigo 70 do CP).

---

[47] HC-79865 / RS; Relator(a): Min. CELSO DE MELLO; Publicação: DJ 06/04/2001 p. 68 EMENT VOL. 2026-05, p. 963; Julgamento: 14/03/2000 – Segunda Turma.

O crime continuado, por fim, trata-se de uma ficção jurídica, instituto criado por estritas questões de política criminal. Quando o agente, mediante mais de uma ação ou omissão, pratica dois ou mais crimes da mesma espécie e, pelas condições de tempo, lugar, maneira de execução e outras semelhantes, devem os subseqüentes ser havidos como continuação do primeiro, aplica-se-lhe a pena de um só dos crimes se idênticas, ou a mais grave, se diversas, aumentada, em qualquer caso, de um sexto a dois terços, considerando-se o número de crimes que compõem a cadeia delituosa.

Para fins de fixação da competência dos Juizados Especiais Criminais, devem ser consideradas as causas de aumento de pena decorrentes do concurso de crimes, para verificar-se, somente após esta operação, se a pena máxima, abstratamente cominada, não excede a dois anos. Quando se tratar de concurso formal e crime continuado, o aumento deve obedecer ao critério máximo estabelecido pela lei, pois somente assim se chega à pena máxima abstratamente cominada ao delito. No caso do concurso material, a pena a ser considerada é o resultado da soma dos máximos abstratamente cominados para cada um dos delitos que compõem a cadeia delituosa.

Como esta operação é feita *prima facie*, ou seja, aprioristicamente, deve ser considerada para fins de estabelecer-se a competência dos Juizados Especiais Criminais, salvo flagrante equívoco, a capitulação legal constante no indiciamento policial (termo circunstanciado) ou na manifestação do Ministério Público, titular da ação penal.

Assim:

I – *Concurso material*: somam-se as penas máximas de todos os delitos constantes do termo circunstanciado ou da manifestação do Ministério Público Federal, sendo os fatos da competência do juizado especial criminal somente se o resultado não for superior a dois (02) anos;

II – *Concurso formal e crime continuado*: considera-se a pena máxima do crime mais grave constante do termo circunstanciado ou da manifestação do Ministério Público Federal, aplicando-se sobre esta o critério máximo de aumento decorrente do concurso (formal: metade; ou continuado: dois terços), sendo os fatos da competência do juizado especial criminal somente se o resultado não for superior a dois (02) anos.

A questão foi enfrentada pelo Supremo Tribunal Federal, sendo decidido pela aplicação dos benefícios da transação penal nos casos de concurso de crimes, ficando a decisão assim ementada:

> "No julgamento do HC nº 77.242-SP, no Plenário, ficou decidido que os benefícios previstos na Lei nº 9.099, de 25/09/95, como a transação penal (artigo 76) e a suspensão condicional do processo (artigo 89), também são aplicáveis no caso de concurso formal de crimes, suprindo-se a lacuna da lei mediante aplicação analógica das disposições pertinentes à fiança, por ser o instituto que mais se aproxima destes casos, ficando afastada a incidência, para o mesmo fim, das normas que dispõem sobre a prescrição. Em conseqüência, ficou superado o entendimento da Turma no HC nº 76.717-RS. 2. A competência para processar e julgar os dois crimes de lesões corporais culposas, em concurso formal heterogêneo com três homicídios culposos, é determinada pela continência, fato que importa na unidade de processo e julgamento (artigos 77, II, e 79 do CPP). Impossibilidade de cisão do processo, que implica inviabilidade de transação penal (artigo 76 da Lei nº 9.099/95), para os crimes de lesões corporais, porque escapa do alcance do artigo 61 da mesma Lei, que estabelece como crime de menor potencial ofensivo aquele com pena máxima cominada de um ano. 3. Não cabe a suspensão condicional do processo, ou *sursis* processual (artigo 89 da Lei nº 9.099), no caso de concurso formal de crimes, quando a pena mínima cominada ao crime mais grave, acrescida do aumento mínimo, exceder a um ano".[48]

Apenas não se pode concordar com a posição do Supremo Tribunal Federal no que se refere à aplicação analógica do instituto da fiança (artigo 323 do Código Processo Penal), pois o parâmetro legal para a concessão ou não da fiança é a *pena mínima* abstratamente fixada para o delito, com a interpretação operada pela Súmula nº 81 do Superior Tribunal de

---

[48] HC-78876/MG, Relator(a): Min. MAURICIO CORREA; Publicação: DJ 28/05/1999, p. 6 EMENT VOL. 1952-03, p. 549; Julgamento: 30/03/1999 – Segunda Turma.

Justiça.⁴⁹ Na fixação da competência dos Juizados Especiais Federais Criminais, ao contrário, o parâmetro é a *pena máxima* abstratamente prevista ao delito. Assim, a soma das penas, em se aplicando analogicamente a Súmula n° 81 do STJ, deve sempre levar em conta as penas máximas dos delitos. Assim decidiu o STJ: HC 41891, Quinta Turma, Rel. Min. Arnaldo Esteves Lima, Quinta Turma, DJ 22/08/2005, p. 319.⁵⁰

O advento da Lei n° 11.313/2006⁵¹ não altera esse entendimento, pois a inaplicabilidade do aumento decorrente do concurso de crimes refere-se exclusivamente à reunião processual em virtude da conexão ou continência de crimes de *natureza distinta*, ou seja, *crime comum* e *crime de menor potencial ofensivo*. Determina a lei que, havendo conexão ou continência entre crime comum e crime de menor potencial ofensivo, ambos sejam reunidos no juízo comum, aplicando-se, ao crime de menor potencial ofensivo, o instituto da transação penal. Para se chegar ao máximo da pena do crime menor não se aplicam os critérios de exasperação ou cumulação do concurso de crimes com o delito maior. Em assim não se procedendo, estar-se-ia fundindo duas espécies de crimes essencialmente distintas.

## 11. Transação penal e causas especiais de aumento e diminuição de pena

A mesma fundamentação referente ao concurso de crimes aplica-se às causas especiais de aumento e de diminuição de pena. Com efeito, para fins de fixação da competência dos

---

⁴⁹ "Súmula n° 81. Não se concede fiança quando, em concurso material, a soma das penas mínimas cominadas for superior a dois anos de reclusão."

⁵⁰ "No caso de concurso de crimes, a pena considerada para fins de fixação de competência será o resultado da soma, no caso de concurso material, ou a exasperação, na hipótese de concurso formal ou crime continuado, das penas máximas cominadas ao delitos".

⁵¹ "Art. 2° Compete ao Juizado Especial Federal Criminal processar e julgar os feitos de competência da Justiça Federal relativos às infrações de menor potencial ofensivo, respeitadas as regras de conexão e continência.
Parágrafo único. Na reunião de processos, perante o juízo comum ou o tribunal do júri, decorrente da aplicação das regras de conexão e continência, observar-se-ão os institutos da transação penal e da composição dos danos civis."

Juizados Especiais Criminais, que é um juízo *a priori*, no cálculo da pena máxima devem ser consideradas as causas especiais de aumento e de diminuição de pena. No caso de causas especiais de aumento, quando a lei não fixa percentual certo, deve ser aplicado o percentual máximo permitido pelo tipo penal, para, então, estabelecer-se a pena máxima abstratamente considerada ao delito. Em se tratando de causa especial de diminuição de pena, a diminuição, quando não estabelecido percentual fixo, deve ser feita pelo percentual mínimo. Exemplo: crime tentado, no qual o percentual de diminuição varia de um a dois terços (artigo 14, inciso II, Código Penal). Para fins de competência dos Juizados Especiais Federais, a diminuição a ser operada é de 1/3 sobre a pena do crime consumado a ser considerado.

### 12. A possibilidade da prisão cautelar nos crimes de menor potencial ofensivo

O instituto jurídico da prisão possui contornos constitucionais bem definidos, por importar em séria restrição a um direito fundamental de primeira geração (liberdade). Os permissivos infraconstitucionais regulamentadores da norma constitucional devem ter sua extensão regulada pelo princípio da razoabilidade, que, aqui, nada mais é do que uma cláusula proibitiva do excesso, seja do legislador, seja do aplicador.

Com efeito, o princípio da razoabilidade deita suas raízes no constitucionalismo americano, a partir de construção jurisprudencial da Suprema Corte norte-americana, a qual, objetivando conter desvios do Poder Legislativo na consecução de sua função típica (fazer leis), concebeu o requisito denominado *dues process of law*, o devido processo legal, como fundamento da legalidade dos comandos do poder público. As prisões, dessa forma, respeitado o devido processo legal, somente se justificam se houver uma fundada necessidade fática, sendo, a limitação, imprescindível à proteção de outros direitos constitucionalmente protegidos.

Com exceção da prisão em flagrante delito, todas as demais hipóteses são antecedidas de decisão judicial. Trata-se de restrição a direito fundamental pelo Poder Judiciário com expressa autorização da Constituição, a qual se embasa no poder conferido ao magistrado diretamente pela Constituição na qualidade de agente político integrante de um dos Poderes da República. Com efeito, a peculiaridade dessa espécie de autorização reside no fato de que cabe ao Poder Judiciário, no exercício de sua função típica (jurisdição), preencher, no caso concreto, respeitadas as garantias constitucionais, os elementos fáticos e jurídicos autorizadores da mitigação dos direitos fundamentais. A Constituição, ao prever a possibilidade da restrição ao direito, descreve, abstratamente, os pressupostos de sua incidência, delegando ao magistrado a adequação concreta destes postulados: a restrição somente pode ser constatada a partir da junção de dois fenômenos distintos, quais sejam, a previsão constitucional abstrata e a fundamentação concreta do juiz.

As prisões processuais, assim denominadas todas aquelas que não decorram de sentença penal transitada em julgado (prisão-pena), exteriorizam natureza cautelar, vale dizer, não possuem função antecipatória de efeitos de eventual sentença penal condenatória. Como toda e qualquer medida cautelar, as prisões processuais devem submeter-se a dois requisitos inafastáveis: a) fumaça do bom direito, representando o permissivo legal da medida constritiva; b) perigo na demora, traduzindo a necessidade fática da prisão.

A primeira hipótese de prisão cautelar é a *prisão em flagrante delito*. Flagrante, do latim *flagrare* (queimar),[52] significa ardente, que está em chamas, delito que está acontecendo. Única forma de prisão cautelar que não decorre de provimento jurisdicional, constituindo-se em simples ato administrativo, que passa, posteriormente, ao crivo judicial.

A previsão da prisão em flagrante delito decorre da necessidade de fazer cessar a prática criminosa e a perturbação da ordem jurídica, sendo providência acautelatória de prova da materialidade do fato e da respectiva autoria. Por se tratar de prisão de natureza cautelar, possui dois requisitos inafastáveis: a) fumaça do bom direito (prova da autoria de um crime); b) perigo na demora (garantia da ordem pública, que

---

[52] MACHADO, José Pedro. *Dicionário Etimológico da Língua Portuguesa*. Lisboa: Livros Horizonte, 2003.

resta abalada pela prática do delito, havendo necessidade da prisão para cessar a agressão).

A segunda espécie de prisão cautelar a ser considerada é a *prisão preventiva*. Cuida-se de prisão com inequívocas características cautelares, que objetiva retirar a liberdade do cidadão, antes do trânsito em julgado de sentença penal condenatória, nos casos expressos em lei. A necessidade da prisão preventiva encontra-se estampada nos requisitos legais autorizadores da medida: a) garantia da ordem pública; b) garantia da ordem econômica; c) conveniência da instrução criminal; d) para assegurar a aplicação da lei penal. Trata-se do *periculum in mora*, exteriorizando a necessidade da segregação provisória do agente. É cabível a prisão preventiva nos crimes dolosos punidos com reclusão (artigo 313, inciso I, CPP). Nos crimes dolosos punidos com detenção, somente quando se apurar que o indiciado é vadio, ou quando, havendo dúvida sobre a sua identidade, não fornecer ou não indicar elementos para esclarecê-la (artigo 313, inciso II, CPP). Em qualquer espécie de crime, se o réu tiver sido condenado por outro crime doloso, sem sentença transitada em julgado, ressalvado o disposto no artigo 64, inciso I, do Código Penal.

A terceira espécie de prisão provisória é a *prisão temporária*, regulada pela Lei nº 7.960/89, que se destina a permitir ou facilitar a atividade investigativa da política judiciária. É cabível quando: I: imprescindível para as investigações do inquérito policial; II – o indiciado não tiver residência fixa ou não fornecer elementos necessários ao esclarecimento de sua identidade; III – houver fundadas razões, de acordo com qualquer prova admitida na legislação penal, de autoria ou participação do indiciado nos crimes descritos pela própria lei. A prisão temporária deve ser vista como espécie de prisão cautelar ou medida pré-cautelar, só sendo cabível quando presentes os requisitos do *fumus boni juris* e do *periculum in mora*. Assim, a fumaça do bom direito deve ser buscada nos delitos descritos no inciso III do artigo 1º da Lei. O perigo na demora (necessidade da prisão) deve ser buscado em um dos dois primeiros incisos (I e II) do artigo 1º da Lei nº 8.968/89.

As duas últimas espécies de prisão provisória são: a) prisão decorrente de sentença de pronúncia; b) prisão decorrente de sentença penal condenatória recorrível, não sendo excessivo lembrar que a *exigência de prisão provisória, para apelar, não ofende a garantia constitucional da presunção de inocência* (Súmula nº 09 do Superior Tribunal de Justiça).

Feitas estas considerações de ordem doutrinária, abordando-se a natureza jurídica das espécies de prisão cautelar, podem-se estabelecer as seguintes conseqüências no âmbito dos Juizados Especiais Criminais:

I) *Prisão em flagrante delito.* Conforme se depreende do estudo dos pressupostos legais do instituto, duas fases distintas podem ser apontadas, quais sejam: a) fase da prisão, com seus requisitos materiais; b) fase da lavratura do auto de prisão em flagrante delito, com seus pressupostos formais. Inquestionavelmente, a prisão em flagrante delito pode/deve (dependendo de quem efetua a prisão, se cidadão ou se autoridade policial) ser efetuada em relação às infrações de menor potencial ofensivo, desde que presentes os pressupostos legais autorizadores, não havendo, neste particular, diferenças em relação à criminalidade comum. A alteração substancial incidente no flagrante delito decorrente da Lei nº 9.099/95 refere-se à segunda fase, ou seja, à *lavratura do auto* de prisão em flagrante delito. Não seria razoável pensar-se que teria a criminalidade de menor potencial ofensivo uma imunidade absoluta, ficando fora do âmbito protetivo social inerente à prisão em flagrante delito. Se o agente é flagrado cometendo o delito, o simples fato de sê-lo de menor potencial ofensivo não lhe concede o direito de não ser interrompido em sua prática delituosa. Assim, nada se altera no que se refere à possibilidade da prisão em flagrante quando se cuida de infrações de menor potencial ofensivo. Segundo o disposto no artigo 69, parágrafo único, da Lei nº 9.099/95,[53] ao infrator que, *após a lavratura do termo, for imediatamente encaminhado ao Juizado ou assumir o compromisso de a ele comparecer*, não se imporá prisão em flagrante delito, entenda-se, *não se lavrará* o auto de prisão em flagrante delito. Assim, o juízo sobre a lavratura do auto de prisão em flagrante delito somente pode ocorrer após efetivada a primeira fase, qual seja, a prisão do autor dos fatos e a sua condução até a autoridade competente para lavratura do termo circunstan-

---

[53] "Art. 69. (...). Parágrafo único: Ao autor do fato que, após lavratura do termo, for imediatamente encaminhado ao Juizado ou assumir o compromisso de a ele comparecer, não se imporá prisão em flagrante, nem se exigirá fiança".

ciado. Lavrado o termo, que só pode ser o de apresentação do flagrado à autoridade, o auto de prisão em flagrante delito, com todos os seus efeitos, não será lavrado na hipótese de o autor dos fatos assumir o compromisso de comparecer ao Juizado Especial Criminal;

II) *Prisão preventiva*. A prisão preventiva parece ser instituto incompatível com o juizado especial criminal, por ser medida extrema que deve ser reservada aos crimes mais graves. Porém, vedação legal não existe ao manejo da prisão preventiva nos crimes da competência dos Juizados Especiais Federais Criminais, sendo dependente das particularidades requeridas pelo caso concreto, particularmente na fase da litigiosidade. É que a quantidade/qualidade da pena, salvo o disposto no artigo 313 do CPP, não é elemento que componha os pressupostos legais da prisão preventiva, por não se cuidar de prisão-pena. Ou seja, a quantidade da pena, por si só, em nada auxilia quando do controle dos requisitos legais/fáticos da prisão preventiva, pois sua necessidade decorre, exclusivamente, de uma das hipóteses elencadas no artigo 312 do CPP. Todavia, a prisão preventiva somente deve ser utilizada nos crimes de menor potencial ofensivo, de competência dos juizados especiais, em situações flagrantemente excepcionais, em virtude dos princípios norteadores desta espécie de justiça criminal;[54]

III) *Prisão temporária*. A prisão temporária não possui nenhuma possibilidade de ser aplicada nos crimes de competência dos Juizados Especiais Criminais, pois se destina exclusivamente às investigações de graves crimes elencados pela lei, por se cuidar de uma espécie de prisão para investigação. A necessidade concreta da prisão temporária implica incompetência absoluta dos Juizados Especiais Criminais, em virtude da complexidade dos fatos, determinando a remessa dos autos ao juizado comum, nos termos do artigo 77, § 2°, da Lei n° 9099/95;

---

[54] "Tratando-se de crime de menor potencial ofensivo, recomenda-se a liberdade do réu para responder ao processo, sobretudo diante da idéia da reprimenda alternativa e da imprestabilidade do cárcere. Contudo, no caso em que o acusado não comparece ao chamamento judicial e insiste no anonimato por longo tempo, não se há por constrangedora a decretação da prisão, porquanto o requisito da garantia da lei penal está implícito, e esta apreensão coercitiva, via mandado, é o único e último meio para retomar o curso normal do Procedimento" (STJ, HC 23678, QUINTA TURMA, Rel. Min. José Arnaldo da Fonseca, DJ 10/05/2004, p. 309).

IV) *Prisão decorrente de pronúncia e prisão decorrente de sentença penal condenatória recorrível.* A prisão decorrente de pronúncia é exclusiva do rito processual do Tribunal do Júri. Em virtude das características da criminalidade de menor potencial ofensivo, igualmente não se vislumbra possibilidade de prisão para recorrer no âmbito dos Juizados Especiais Criminais, em virtude da qualidade da pena a ser concretizada pelo juiz quando da prolação de sentença penal condenatória.

### 13. A execução da sentença nos Juizados Especiais Federais Criminais

A competência para executar as sentenças penais condenatórias proferidas pelo Juizado Especial Criminal é do próprio Juizado Especial Criminal, não sendo admissível a remessa do feito para a vara de execuções penais ou para outra que tenha competência para executar penas criminais, nos termos do disposto no artigo 60 da Lei nº 9.099/95,[55] sendo esta determinação perfeitamente aplicável ao juizado federal.

Isso se justifica em razão das peculiaridades das infrações de menor potencial ofensivo, não sendo de boa política criminal o cruzamento, quando da execução, dos crimes comuns com as infrações de menor potencial ofensivo. A lógica do juizado especial não é a mesma do juizado comum. Assim, o crime de menor potencial ofensivo deve ser conhecido, do início ao fim, pelo Juizado Especial Criminal.

A importância desta disposição foi reconhecida pelo Supremo Tribunal Federal, quando do julgamento do *Habeas Corpus* nº 81784-0, tendo por Relator o Min. Maurício Corrêa, ficando o decidido assim ementado:

"Juizado especial criminal. Execução de seus julgados. Competência. Lei 9.099/95, artigos 1º e 60. Conseqüência: improcedência da pretensão de ser o processo remetido ao juízo das execuções criminais. Habeas Corpus indeferido".[56]

---

[55] "Art. 60. O Juizado Especial Criminal, provido por Juízes togados ou togados e leigos, tem competência para a conciliação, o julgamento e a execução das infrações penais de menor potencial ofensivo".
[56] STF, Segunda Turma, DJI nº 112, 14/06/2002, p. 158, julgado em 23/04/2002.

## 14. Uma experiência da Vara Federal Criminal de Blumenau/SC

Para que a questão não fique somente no campo teórico, colaciona-se uma experiência inédita no âmbito da Justiça Federal que se realizou na Vara Federal Criminal de Blumenau, envolvendo os Juizados Especiais Criminais e a proteção do meio ambiente, antes do advento da Lei n° 10.259/2001.

Pelo sistema processual tradicional, a tramitação do processo-crime objetivando reprimir delitos ambientais considerados pela lei como de menor potencial ofensivo, envolvia as seguintes fases: a) autuação pela Polícia Militar do Estado de Santa Catarina, em Blumenau; b) remessa de uma via da autuação para a Polícia Federal com Delegacia em Itajaí/SC; c) entrega de outra via ao IBAMA; d) uma via, por fim, era remetida ao Ministério Público Federal.

Desta maneira, resultavam os seguintes desdobramentos processuais e extraprocessuais:

a) O Ministério Público Federal encaminhava uma via da autuação ao Poder Judiciário, formando-se um procedimento criminal para aplicação do instituto da transação penal;

b) A Polícia Federal, através da Delegacia de Itajaí, de posse de uma das vias da autuação ambiental, instaurava inquérito policial para investigação dos fatos. No âmbito da Polícia Federal, o expediente demandava a realização de diversas diligências, dentre as quais se destacam: deslocamento de agentes até o local dos fatos para ouvir os envolvidos; utilização de viaturas, com gasto de combustível para esses deslocamentos.

Em conseqüência desses procedimentos, não raro era que de uma única autuação da polícia ambiental derivassem dois procedimentos judiciais, com os mesmos envolvidos, que tramitavam paralelamente, assoberbando os trabalhos no Fórum da Justiça Federal de Blumenau.

Ainda mais, uma vez autuado o expediente, quer remetido pela Polícia Federal, quer pelo Ministério Público Federal, fazia-se necessária a expedição de mandado de intimação para comparecimento do infrator à audiência preliminar. Na maioria das vezes, em virtude da extensão territorial da Circunscrição Judiciária de Blumenau, a intimação era efetuada através de Carta Precatória, com sérias dificuldades na localização do autor dos fatos.

A finalização, com resultado prático do processo, era extremamente demorada. A pauta de audiências era carregada por 2 (duas) audiências ou mais para o mesmo fato. Inerente à demora, avolumava-se o descrédito relativo ao aparelho estatal de aplicação da pena, uma vez que o longo período decorrido entre o fato e a aplicação da sanção pelo Poder Judiciário (em média dois anos) fazia desaparecer a eficácia preventiva da sanção penal. Os infratores sentiam-se induzidos à prática de novas infrações penais, uma vez que o primeiro crime não havia recebido a solução adequada por parte do Judiciário.

Diante dessa situação, firmou-se um convênio envolvendo a Vara Federal Criminal, o Ministério Público Federal e o Pelotão de Polícia Ambiental, estabelecendo uma inédita sistemática de apuração judicial dos crimes ambientais: verificando a Polícia Ambiental a ocorrência de lesão ao meio ambiente, classificada na lei como infração penal de menor potencial ofensivo, é lavrado pela autoridade competente um auto de infração contra o infrator. Na mesma oportunidade, o infrator é intimado a comparecer perante o Poder Judiciário, na Vara Federal Criminal de Blumenau. Neste juízo, é realizada uma audiência presidida pelo Juiz Federal, com a participação do Representante do Ministério Público Federal, do infrator e da defesa técnica, com a nomeação de defensor dativo, se necessário.

Neste procedimento, a audiência é antecipadamente agendada (data e horário) com a Secretaria da Vara Federal Criminal. Para efetivar o convênio, a Vara Federal Criminal de Blumenau instituiu uma pauta especial de audiências no período da manhã, duas vezes por mês, com a finalidade única de realizar as audiências envolvendo estas infrações penais.

Desse modo, na época da autuação pela polícia já são fixados o horário e a data da audiência, ficando o infrator desde logo ciente da data designada para a audiência preliminar, a ser realizada na sala de audiências da vara criminal, no endereço que lhe é fornecido. As audiências são fixadas pela própria Polícia Ambiental, quando da autuação, presente a pauta do magistrado que se encontra com esta Instituição.

Posteriormente, a agenda completada pela Polícia Ambiental é transmitida, via internet (e-mail), para a Secretaria da Vara. Após, no prazo máximo de 5 (cinco) dias, contados da autuação, a Polícia remete para Juízo o procedimento administrativo respectivo.

Assim, o esquema procedimental ficou estabelecido desta maneira:

a) Autuação pela Polícia Ambiental, sendo que no próprio termo o infrator já é intimado a comparecer na audiência que é agendada pela Polícia.

b) Remessa, no prazo máximo de 5 (cinco) dias, do procedimento administrativo para ser registrado diretamente ao Poder Judiciário Federal, através da Vara Federal Criminal de Blumenau.

c) Na Secretaria da Vara Federal, o auto de infração é autuado e ganha registro processual próprio. Passa a existir um processo judicial que tem como investigado o infrator da lei ambiental. A seguir, é solicitada a eventual relação de antecedentes criminais do infrator para a Justiça Estadual do local de sua residência, certificando-se os antecedentes da Justiça Federal.

d) Finalmente, ocorre a audiência preliminar, oportunidade em que é apresentada ao autor dos fatos proposta de transação penal pelo Ministério Público Federal (pena não-restritiva de liberdade).

Havendo transação penal, geralmente o acordo estabelece a determinação da doação de materiais em favor da Polícia Ambiental (coletes salva-vidas, combustível para uso em viatura oficial, livro didático, especialmente sobre o meio ambiente, etc.).

Estas doações, além de cumprirem sua função penal, servem de auxílio para esta corporação estatal continuar em seu valoroso trabalho, fazendo com que o infrator/beneficiado sinta-se também responsável pela proteção ao meio ambiente.

Este procedimento buscou, entre outros fins, atingir o princípio da efetividade do processo penal, atacando-se – sem a instalação do Juizado Especial Criminal, então pendente de lei – o problema da lentidão da justiça.

Cabe ressaltar que anteriormente os procedimentos criminais nesta área demoravam em média dois (2) anos, sendo que, com a adoção do novo procedimento, entre a data da infração e a audiência preliminar (proposta de transação penal), não decorrem mais de trinta dias. Por outro lado, mantém-se a característica de prevenção do crime que é inerente à pena criminal, uma vez que o infrator vê efetividade na atuação do órgão ambiental, com uma resposta necessária e rápida do Poder Judiciário.

No que se refere à eficácia do sistema mencionado, alguns números mostram-se esclarecedores. Nas audiências já realizadas pelo novo sistema, o comparecimento dos infratores foi de aproximadamente 95%, havendo aceitação de 100% das propostas de transação penal apresentadas pelo Ministério Público Federal.[57]

Em números absolutos, tem-se que, no período de junho/1999 até o mês de maio/2000, foram realizadas perante a Vara Federal Criminal de Blumenau aproximadamente 104 audiências de transação penal, das quais resultou, no mínimo, igual número de doações.[58] Este procedimento restou citado no "7th International Conference on Environmental Compliance and Enforcement", realizado em abril de 2005 em Marrocos, como uma potencial solução a ser adotada na efetiva proteção do meio ambiente.[59]

## 15. Algumas recomendações práticas no âmbito do Juizado Especial Federal Criminal

Para a plena eficácia jurídica e social dos Juizados Especiais Federais Criminais, recomendam-se algumas medidas práticas:

I) *Capacitação e aperfeiçoamento das instituições*. Mostra-se indispensável que o Poder Judiciário Federal capacite adequadamente todos aqueles que venham a trabalhar nos Juizados Especiais Federais Criminais, uma vez que se apresenta uma indiscutível ruptura de paradigma. Não se pode

---

[57] Dados arquivados na Secretaria da Vara Federal Criminal de Blumenau.
[58] Dados arquivados na Secretaria da Vara Federal Criminal de Blumenau.
[59] BRITO, Breneda; BARRETO, Paulo and ROTHMAN, John. *Ney Brazilian environmental crimes law: an analysis of its effectiveness to protect the forests of Amazonia.* Proceedings Volume 1, p. 285.

ver o juizado especial com os mesmos olhos utilizados para ver a justiça comum. Aqui, há um claro comprometimento com a efetividade do processo criminal. Esta capacitação se dará através de Seminários, Cursos, Orientações, elaboração de modelos padrões, troca de experiências etc.

II) *Pauta de audiências específicas para os crimes da competência dos Juizados Especiais Federais Criminais.* Os Juizados Especiais Federais, na esfera criminal, na imensa maioria dos casos, funcionarão como juizados adjuntos. Ou seja, o juiz com competência criminal comum também terá competência para as infrações de menor potencial ofensivo. Não se pode incorrer no erro de confundir estas duas competências, que ontologicamente não se comparam, pois isso imporia a aplicação da lógica do crime comum ao juizado especial criminal. Não se podem trabalhar de modo conjunto crimes que possuem, constitucionalmente, naturezas distintas. Assim, mostra-se adequado que se estabeleça uma pauta de audiências específica para os crimes da competência dos juizados especiais. Não é demais ressaltar que, nos processos comuns, a vigência é a da litigiosidade. No âmbito dos Juizados Especiais Criminais, vige a consensualidade. Não se mostra razoável, por exemplo, designar para uma mesma tarde duas audiências, na seguinte seqüência: às catorze horas, um crime de tráfico internacional de entorpecente; às catorze e cinqüenta, um crime de menor potencial ofensivo; às dezessete horas, um crime de sonegação fiscal. Isso muda a lógica, e não se pode transportar pura e simplesmente a lógica de um juizado para outro. Então, estabelecer uma pauta específica para os juizados especiais é medida impositiva. Por exemplo, toda segunda-feira à tarde será dedicada, com exclusividade, às audiências previstas no rito processual dos Juizados Especiais Criminais.

III) *Delegar para a Polícia, mediante prévia orientação, o agendamento das audiências preliminares.* É necessário que o agendamento das audiências preliminares seja delegado, pelo Juiz, à autoridade policial, pois isso representa vários benefícios à administração da Justiça. Um dos principais refere-se à desnecessidade de a Justiça Federal proceder à intimação do autor dos fatos para comparecimento à audiência preliminar, pois isso já foi antecipadamente efetuado pela autoridade policial, ganhando-se em tempo e em trabalho cartorário. A segunda questão a ser considerada decorre do artigo 69 da Lei nº 9.099/95, pois, no momento em que o autor dos fatos lavrar o termo, deve ser cientificado para comparecimento ao Juizado Especial Criminal, sendo, para isso, imprescindível a menção à data e ao horário da apresentação.

IV) *Presença contínua de defensor dativo.* A presença de defensor é indispensável na audiência preliminar. Assim, mostra-se eficiente a manutenção de contato estreito com o quadro de defensores dativos, para que possa o juiz, na própria audiência, designar defensor àqueles infratores que comparecerem ao ato desacompanhados de advogado e que não tenham condições de fazer frente às despesas processuais.

V) *Prévio estabelecimento de convênios com entidades destinatárias das transações penais.* Deve o Juiz responsável pelos Juizados Especiais Criminais manter um amplo leque de convênios com as entidades destinatárias das transações penais, para que o agente, no ato da audiência, já saiba qual é a entidade beneficiada. Por quê? Porque isso cria um vínculo entre o agente infrator e a entidade beneficiária do instituto da transação penal. Não é de boa técnica deixar para estabelecer qual é a entidade destinatária num momento posterior. Isso deve ser feito no momento da audiência da transação penal.

VI) *Compromisso do Juiz, Servidores, Ministério Público Federal, Polícia e advogados com a efetividade da justiça.* Por fim, os Juizados Especiais Federais Criminais não produzirão os frutos desejados pela sociedade se não houver um compromisso fundamental dos operadores jurídicos com a efetividade processual. Já passou o tempo em que o processo era o objeto da nossa discussão. Já está ultrapassado o momento em que o Poder Judiciário se preocupava mais com o processo do que com o direito. Ver o processo como instrumento de efetivação da justiça social deve ser o grande objetivo de todos, principalmente dos magistrados federais.

# Referências

ALVIM, J. E. Carreira. *Juizados especiais federais*. Rio de Janeiro: Forense, 2002.

BOCHENEK, Antônio César. *Competência cível da justiça federal e dos juizados especiais cíveis*. São Paulo: Revista dos Tribunais, 2004.

BOLLMANN, Vilian. *Juizados Especiais Federais: comentários à legislação de regência*. São Paulo: Juarez de Oliveira, 2004.

CLEGG, Brian. *Negociação: como conseguir acordos com as pessoas já!* Coleção Instant. Tradução: Eliane Möller Escórcio. Rio de Janeiro: Qualitymark, 2002.

CORDEIRO, Néfi. *Mandado de segurança, correição parcial e rescisória no juizado*. Palestra proferida no "Encontro de Juízes do Juizado e Turmas Recursais do Paraná". Iretama/PR, 27 abr. 2003.

COSTA, Pietro e ZOLO, Danilo (org.). *Lo stato di diritto*. Milano: Feltrinelli, 2002.

*Diagnóstico da estrutura e funcionamento dos Juizados Especiais Federais*. Conselho da Justiça Federal, Centro de Estudos Judiciários, Secretaria de Pesquisa e Informação Jurídicas. – Brasília: CJF, 2003.

*Enciclopédia Saraiva do Direito*. Coordenação do Prof. Rubens Limongi França. São Paulo: Saraiva, 1977.

FERNANDEZ SEGADO, Francisco. *El sistema constitucional español*. Madrid: Dukinson, 1992.

MACHADO, José Pedro. *Dicionário Etimológico da Língua Portuguesa*. Lisboa: Livros Horizonte, 2003.

MIRANDA, Jorge. *Manual de Direito Constitucional*. Coimbra: Coimbra, 2001, t. VI.

REALE, Miguel. *Estudos de filosofia e ciência do direito*. São Paulo: Saraiva. 1978.

*REVISTA do Tribunal Regional Federal da Quarta Região*, nº 27, 1997.

SARTI, Amir José Finocchiaro. "Medidas Cautelares e Antecipatórias no Juizado Especial Federal", *in Revista Jurídica 288 – Out/2001*, p. 47-53.

SILVA, Antônio F. S. do Amaral e SCHÄFER, Jairo Gilberto. *Juizados Especiais Federais – aspectos cíveis e criminais*. Blumenau: Acadêmica, 2002.

TEIXEIRA, Eduardo Didonet (Coordenador). *Juizados Especiais Federais: Primeiras Impressões*. Curitiba: Gênesis, 2001.

THEODORO JÚNIOR, Humberto. *Curso de Direito Processual Civil.* Rio de Janeiro: Forense, 1994.

VIANNA, Luiz Werneck. *A Judicialização da política e das relações sociais no Brasil.* Rio de Janeiro: Revan, 1999.

ZAVASCKI, Teori Albino. *Juizados especiais federais cíveis – competência.* In: SEMINÁRIO JUIZADOS ESPECIAIS FEDERAIS: Inovações e Aspectos Polêmicos. Anais... Brasília: AJUFE, p. 148-163, 18-19, mar. 2002.

# ANEXOS

## Fluxogramas das Ações nos
## Juizados Especiais Federais Criminais

## TRAMITAÇÃO DAS AÇÕES NOS JUIZADOS ESPECIAIS CRIMINAIS – FASE CONSENSUAL

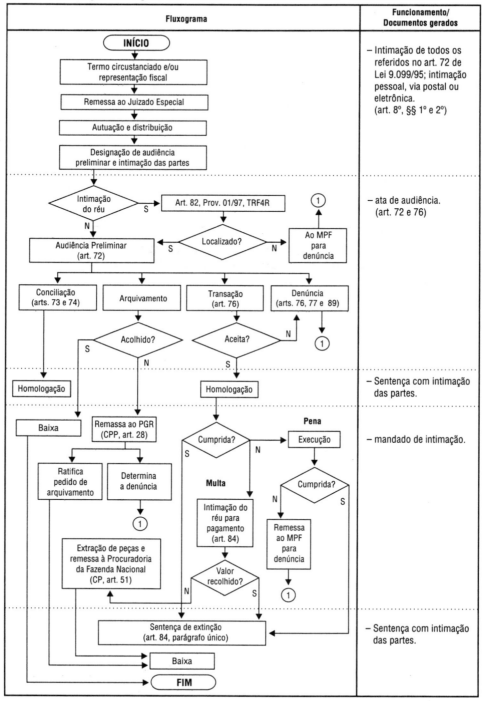

## TRAMITAÇÃO DAS AÇÕES NOS JUIZADOS ESPECIAIS CRIMINAIS – FASE LITIGIOSA

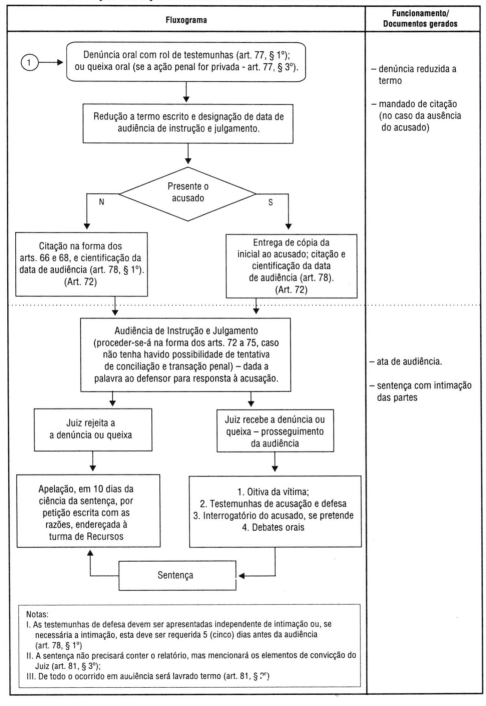

*Impressão:*
Editora Evangraf
Rua Waldomiro Schapke, 77 - P. Alegre, RS
Fone: (51) 3336.2466 - Fax: (51) 3336.0422
E-mail: evangraf@terra.com.br